职场没你
想象的那么复杂

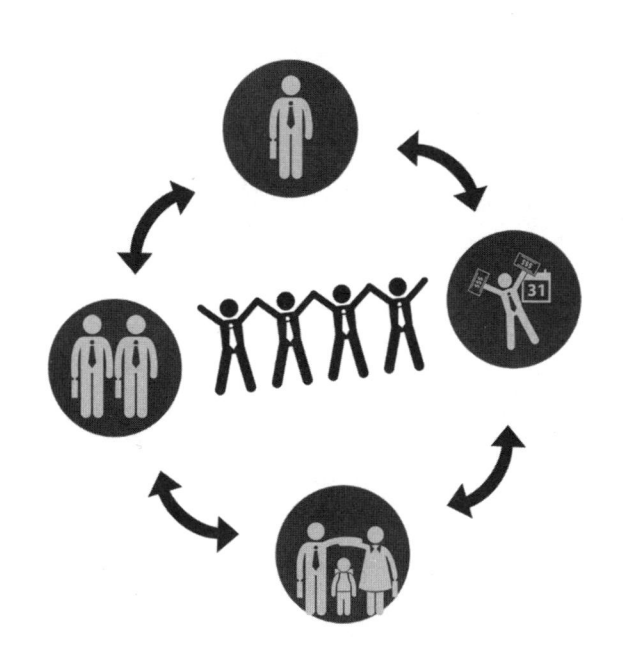

焦海利 ◎ 编著

吉林出版集团股份有限公司

图书在版编目（CIP）数据

职场没你想象的那么复杂/焦海利编著. — 长春：吉林出版集团股份有限公司，2018.7

ISBN 978-7-5581-5234-4

Ⅰ.①职… Ⅱ.①焦… Ⅲ.①职业选择–通俗读物 Ⅳ.①C913.2-49

中国版本图书馆CIP数据核字（2018）第134162号

职场没你想象的那么复杂

编　　著	焦海利
责任编辑	王　平　史俊南
开　　本	710mm×1000mm　1/16
字　　数	260千字
印　　张	18
版　　次	2018年11月第1版
印　　次	2018年11月第1次印刷
出　　版	吉林出版集团股份有限公司
电　　话	总编办：010-63109269
	发行部：010-67208886
印　　刷	三河市天润建兴印务有限公司

ISBN 978-7-5581-5234-4　　　　　　　　定价：45.00元

版权所有　侵权必究

CONTENTS 目录

第一章
目标决定前程

01　清楚自己想做什么　/　003

02　不要迷恋"热门职业"　/　006

03　性格决定职业　/　009

04　切勿盲目攀比　/　013

05　择业，还得凭自己的兴趣　/　016

06　择业期望值不要过高　/　019

07　从事与专业相关的职业　/　022

第二章
主动赢得未来

01　找工作靠信念　/　027

02　不以学历论英雄　/　030

03　勇于指出面试官的"错误"　/　033

04　机会是争取来的　/　036

05　适时说出独到见解　/　039

06　争取面试的主动权　/　041

第三章
机智决定机遇

01　拓宽思路，创造机会　/　045

02　知己知彼，百战不殆　/　047

03　用"魅力"敲开求职之门　/　051

04　把话说到点子上　/　054

05　一个漂亮的开场白　/　057

06　投其所好是取胜的法宝　/　061

07　抓住机遇，稳操胜券　/　063

08　做好充足准备去求职　/　065

09　面试中巧谈薪水　/　068

第四章
胆识决定胜负

01　充满信心去面试　/　073

02　树立自信，抵制自卑　/　076

03　能力是金，证书是银　/　079

04　自信的眼神，是成功的第一步　/　082

05　胆识决定成败　/　084

06　善始善终才能赢得成功　/　086

07 我们不要专科生 / 088

08 执着赢得成功 / 091

09 有超越意识才有工作状态 / 094

第五章
积累经验，凭能力站稳脚跟

01 公司潜规则：适应才是硬道理 / 099

02 职场中人的"第二种身份" / 102

03 重视细小的规章制度 / 104

04 "打杂"就是扎马步 / 106

05 辛勤劳动会被他人占有 / 109

06 职场公平只是一种理想 / 111

07 犯了错误怎么挽回 / 113

08 "我有什么错"是最大的错 / 115

09 不能把"情绪"带进办公室 / 118

第六章
与上司相处如何拿捏分寸

01 顶头上司可能不如你 / 125

02 上司要出错怎么办 / 128

03 不要比你的上司更显眼 / 130

04 帮助上司就是在帮助你自己 / 137

05 听懂老板的弦外之音 / 140

06 学会从上司的角度思考问题 / 142

07 抓住与上司一起出差的好机会 / 144

08 把上司当老师 / 149

09 不要成为领导派系斗争的牺牲品 / 152

10 绝口不谈与上司的私人关系 / 154

11 上司的命令不一致怎么办 / 156

12 我的能力比上司强 / 157

13 与异性上司保持适当距离 / 160

第七章
与同事相处无小事

01 与同事多"同流"少"合污" / 165

02 职场不是角斗场 / 167

03 为什么好心总被当作"驴肝肺" / 169

04 最难应付的是人不是事 / 171

05 职场友情需要"经营" / 174

06 要学会看到同事的长处 / 177

07 不要搬弄是非 / 180

08 学会帮助同事 / 184

09 主动给人找台阶 / 187

10 平庸同事不可小瞧 / 190

11 职场小团体害处多 / 192

12 不要随意说出自己的秘密 / 194

第八章
工作不仅仅需要热情

01 工作可以失误，但不允许重复失误 / 197

02 吃亏是一种隐性投资 / 199

03 在细小的事情上也必须讲信用 / 202

04 态度也是一种能力 / 205

05 职业发展道路上的"红线"不要碰 / 207

06 办公室里无小事 / 209

07 把烦恼暂时打包 / 211

08 在"打杂"中创造机会 / 214

09 工作需要分类处理 / 217

10 先做最重要的事 / 220

11 分外的工作更要出色地完成 / 225

12 积极面对每一项工作 / 232

13 对工作充满激情 / 235

第九章
弥补身上的不足

01 克服"人性"的弱点 / 241

02 转变"依赖"思想 / 244

03 把握"叛逆"的分寸 / 246

04 克制"嫉妒"情绪 / 249

05 把握"率真"的分寸 / 251

第十章
将困难变成机会你就赢了

01 边工作边学习 / 257

02 向资深人士求教 / 262

03 尽快适应工作环境 / 264

04 重视自己的工作 / 267

05 要有强烈挑战自我的愿望 / 269

06 相信自己可以战胜困难 / 272

07 敢于冒险才能突破自我 / 277

第一章

目标决定前程

01
清楚自己想做什么

俗话说："男怕入错行，女怕嫁错郎。"在选择职业的过程中，一定先要搞清楚自己想做什么，因为只有知道自己想干什么，才能确定稳定的发展方向。

正所谓："条条大路通罗马。"的确，通往理想的道路有千万条，如果你还不知道自己到底想要什么，而是等待时间给你答案时，你不妨沉静下来，什么也不做，找一个幽静的地方，认真地思考一下自己的过去和将来，聆听自己的心声，发现自己内在的需求，了解自己的个性和能力。这种沉思看起来什么都没做，但却是最重要的。

大学即将毕业的小高，和其他同学一样费尽心思地做简历，为了能找到令自己满意的工作，小高也花了不少心血，他希望通过独具特色的简历将自己顺利地推销出去。可是，当他写到求职意向时却迷茫了，他不知道自己究竟能干些什么。他尝试着填了一项"房地产"，可是分析了当前的形势后，他又感觉做这一行比较困难，于是他放弃了这个念头。经多方打听后，他又觉得从事电子行业比较不错，于是，他又将这一想法写在了求职意向里，但是，考虑到自己的知识水平，他又打起了"退堂鼓"，他担心自己无法胜任这样的职位。就这样，小高苦思冥想了好长一段时间，也没有作出自己的选择，不仅浪费了时间，还耽误了个人的发展。

要知道，没有明确地知道自己想要什么，将一事无成。每个人都有欲望和梦想，但是多数人没有明确自己到底想要什么，这便是为什么卓越者总是少数的重大原因。在美国家庭产品公司副总裁卡尔夫人看来："世界上最大的悲剧莫过于，有太多的年轻人从来没有发现自己真正想做什么。想想看，一个人在工作中只能赚到薪水，其他的一无所获，这是一件多么可悲的事情啊！"

刚出校门的大学生由于没有参加过社会实践，所以，他们的社会阅历十分有限，再加上自己没有选择职业的经历，要想一下子就把一辈子要从事的行业确定下来，的确是一件非常困难的事情。因此，便对好多行业充满了好奇，对每个行业都想尝试一下。

但是，事事不可能尽如人意，虽然想尝试各个行业，但又担心将来如果发现自己不喜欢当前所从事的行业后，再想转行就晚了，于是，心里便产生了好多矛盾。那么，如何才能找到适合自己的职业呢？以下是专家给出的建议，希望能给求职者一些帮助。

首先，选择职业要根据当前的社会需求形势。社会需求指社会对你要选择的职业需求度大不大。一般来说，如果社会有一类职位大量空缺，那么找到心仪的单位比较容易；但如果你所选择的一个职业社会需求很小，你求职将会很难。例如，你选择的职业是唱京剧，由于其需求度很小，你就很难找到合适的单位。

其次，结合自身情况找到个人兴趣倾向。兴趣是最好的老师，兴趣会影响就业，因此，找工作时要按照自己的兴趣、爱好选择工作方向，要清楚地认识到自己想干什么，适合干什么。这时，如果认为从事自己感兴趣的工作能有所发展，不妨迎合自己的兴趣去选择职业，说不定会取得很好的成绩。

再次，根据职业的发展潜力寻找工作。如果你此时找工作并不是为了短期过渡的话，那就要好好关注这个职业是否具有长久的发展潜力。有的职业可能现在很红火，待遇、福利等各方面都很好，但这些却都是依靠国家政策支持，并且以后的国家政策、社会发展可能会对这个行业产生不利影响，那么你就要慎重考虑进入这个行业，对那些需要投入大量资金和时间，进入成本大，且操作技能又不具有转移性的职业要尤其谨慎。

最后，确定将来希望进入的行业。确定自己希望进入的行业，这一点对于就业非常重要。没有目的地乱投简历，投放出去的简历有旱就如石沉大海一般。一般情况下，学习理工科的可以选择技术服务、建筑工程、机械电子、产品营销等行业；学习文科类的则可以选择到文化产业、广告传媒等领域找工作。

02
不要迷恋"热门职业"

多数人在求职中总是喜欢趋热避冷。建议对于热门行业、热门职业的追逐，要结合自己的职业发展方向、个人能力来综合考虑，只有找准职业定位，才能提高求职的成功率。

在我国，目前这种热门职业高失业率现象也已出现。如前几年，会计专业人才紧缺，于是，高校、中等专业技术学校、职校纷纷开设会计专业，学生也把报考这一专业作为首选，以为一旦考上，以后就业不成问题。可谁知，近年来形势急转直下，对一个没有任何经验的财会专业毕业生来说，要想谋求一份称心如意的工作已成为一个难题。

就在几年前，行政管理还是一个非常热门的职业，黄鑫和许多学生一样，一直认为搞行政是一个很体面的工作，因此考大学时报的是行政管理专业。毕业后参加人才交流会时，他应聘一家储运有限公司的行政助理一职，可该企业半小时竟收到应聘行政助理岗位的求职表12份。黄鑫看机会渺茫，便应聘了一家经贸发展有限公司的人事助理岗位，这个岗位同样应聘者如云。黄鑫确立的目标是非行政、人事工作不做，然而现实情况不是岗位太少，就是应聘这些岗位的人太多。最后，黄鑫只好神情沮丧地离开会场。

越是热门的行业，竞争者越多，这也就加大了我们就业成功的难度。虽然人事、财会是大学生追求的热门职业，可毕竟僧多粥少，人才济济，用人单位只好"百里挑一，择优录用"，落选者甚多。

与热门职业相比，冷门职业少有人问津，甚至有些人对其避之唯恐不及。其实，按照辩证的观点来看，冷与热是相对的，也是可以转换的。曾经金融、贸易、会计这些大学生追求的热门专业已一再降温，而通信、电子专业现在却挤破了门。三十年河东三十年河西，谁知道下一个十年又会兴起什么专业呢？周围的环境、媒体是我们的一个可参考信息源，但不要受它们的干扰太大，迷失了自己。有句话叫"没有不合格的，只有不合适的"，如果让一个喜欢创新、思维非常活跃的人当律师就不如让他去做开发、设计的工作更有前途，而让一个做事认真、有计划、有条理，考虑问题逻辑性非常强的人当律师会比让他做开发工作更加得心应手。所以，有时大家都上同一辆车，不一定能载你达到你要去的目的地。

有专家建议，已经学了会计专业、暂时求职无门的人，一方面要认识到就业形势的严峻，重新调整求职的心理定位，不强求专业的对口和较高收入，先把握可能有的机会，待积累几年职业经验以后，再谋求新的发展机会；另一方面不要停留在已有的知识和技能上，要趁年轻多学一点本事，如外语口语、电脑应用、营销技巧、管理基础等，为未来寻求新的职业发展做充分的准备。

21世纪是要求实力的时代，有知识、有头脑的人才会在新一轮的竞争大潮中站稳脚跟，而我们要做的，就是要随时充电。我们要补充些什么营养才好呢？把握潮流，但不追随潮流，因时制宜，就会成为社会潮流中的宠儿。

在知识经济时代，所谓把握潮流，就是要把握社会发展的主动脉，看清楚人们在追求知识方面的"热门"和"冷门"。所谓不追随潮流，就是要根据自己的实际情况，适时适当充电。不要别人一窝蜂地学什么，你也盲目跟上，那样更多的时候就会掉进"坑"里，除非你在这个"热门"中有专长。否则你就要退却，到"冷门"中去寻找适合自己的内容充电，要打破你的知识局限，知识面要宽要广。

职业无贵贱，无论是热门还是冷门，只要能为社会所需要，从业者的地位都是平等的。"趋热弃冷"很大程度是受传统就业观念的影响。尤其是城市的失业者，宁可闲坐在家中吃救济，也不愿跨入冷门一步。既然冷热是互换的，何不现在坐"冷板凳"，以求将来睡"热炕头"呢？

无论热门还是冷门职业的从业者，必须构建好一个合理的、能主动适应职业冷热互换规律的知识与能力结构。成为复合型人才，才能化解职业冷热变换给我们带来的风险。

03 性格决定职业

你能做什么，是上苍决定的；去不去做，是你自己决定的。如果你做了上苍让你做的事，你就能成功，因为上苍给了你这样的性格和天赋；如果你蔑视上苍给你的性格和天赋，执意去做别的事情，那么，上苍也别无选择，他只能让你失败。

——罗杰·安德生

在现今的职场中，因"性格与职业"的选择发生错位而导致职业的失败，已逐渐成为职场人士面临的越来越严峻的问题。性格并无好坏之分，但性格类型与职业类型的匹配度，却决定了事业的成功与否。究竟怎样才能让你的"个性"为你的职业发展做一个最佳的导航者？首先就要正确测定自己的个性，了解"性格与职业定位"之间究竟有怎样的关联。

顾先生是某名牌大学计算机专业研究生，毕业时被江苏一家国有软件开发公司聘用。他先期（大概两年）从事软件程序开发工作，第三年跳槽到当地一家合资公司，从事销售工作及售后服务技术支持，有两年的业务工作经历和一年的技术服务经验。去年因为业务上的压力和工作上的诸多烦恼，他又转到另外一家合资公司应聘执行管理，工作半年后，感觉不适应这份工作，于是跳槽到一家财务软件开发销售公司，从事行政管理方面的工作。短短6年的时间换了4家工作单位，但却总是没有一种找到最恰当的位置的感觉，总觉得没有找到令自己感兴趣和适合自己个性的职业岗位，他目前又对现在上班的公司产生了不信任，对行政工作无法提起兴趣，感到很苦恼。

这时正逢英特尔公司招聘员工，顾先生已经通过了前三次的面试，是继续留在现在公司做自己都看不到结果的行政工作呢？还是照顾自己的专业，利用自己的专业优势到英特尔公司应聘软件开发工作呢？顾先生感到一片迷茫。

专家通过对顾先生的了解诊断发现，顾先生个性内向，不喜欢与人交往，喜欢独立操作类活动。活动性、社会性弱，做事爱思考，善于分析，对学问、理论及抽象性问题感兴趣，责任心很强，不善言语表达，有一定的冒险精神，不愿安于现状，自我表现欲望不强烈。他应该属于研究/探索型、企业/事业型和现实型的复合性人才，对理论、抽象性事务感兴趣，有很强的独立性、自主性，富有想象力，对从事与实验研究、开发、技术类管理和实际操作性方面的职业比较感兴趣，对需要与人打交道的社会性职业不敢兴趣，尤其不愿意做高度程式化的工作。

专家建议顾先生应该从6年的职业经历中总结经验教训。在职业规划中，一定要考虑自身优势，回避自己的弱势，做好职业定位，不要看到别人做什么自己也做，白走了许多职业弯路。

通过专家的客观分析和交流，顾先生明白自己频繁跳槽，无法定位，是缺乏对自己的了解，特别是没有考虑职业与个性的关系。现在，顾先生已经顺利地被英特尔公司聘用，从事着自己喜爱的软件开发工作。心情好了，工作的劲头也足了，方向对了，努力就会有好的结果。

专家认为，根据性格选择职业，能使自己的行为方式与职业工作相吻合，更好地发挥自己的聪明才智和一技之长，从而得心应手地驾驭本职工作。例如，缺乏坚韧性的人不适宜从事诸如外科医生、科学研究人员、资料管理人员、运动员等要求耐力很强的工作；动摇、怯懦、散漫的人，不适宜选择诸如思想政治工作、服务员、教师等职业。

美国心理学家和职业指导专家霍兰德经过十几年的跨国研究，提出了职业人格理论。他认为人的性格大致可以划分为六种类型，这六种类型分别与六类职业相对应，如果一个人具有某一种性格类型，便易于对这一类职业发生兴趣，从而也适合从事这种职业。这六种性格分别是：

（1）现实型

现实型的人喜欢有规则的具体劳动和需要基本技能的工作。这类职业一般是指熟练的手工业行业和技术工作，通常要运用手工工具或机器进行劳动。这类人往往缺乏社交能力。

现实型的人适于做工匠、农民、技师、工程师、机械师，鱼类和野生动物专家、车工、钳工、电工、报务员、火车司机、机械制图员、电器师、机器修理工、长途公共汽车司机等。

（2）研究型

研究型的人喜欢智力的、抽象的、分析的、推理的、独立的任务。这类职业主要指科学研究和实验方面的工作。这类人往往缺乏领导能力。

（3）艺术型

艺术型的人喜欢通过艺术作品来达到自我表现。爱想象，感情丰富，不顺从，有创造性，能反省。艺术型的人缺乏办事员的能力，适于做室内装饰专家、摄影家、作家、音乐教师、演员、记者、作曲家、诗人、编剧、雕刻家、漫画家。

（4）社会型

社会型的人喜欢社会交往，常出席社交场所，关心社会问题，愿为别人服务，对教育活动感兴趣。这类人往往缺乏机械能力。

社会型的人适于做导游、福利机构工作者、社会学者、咨询人员、社会工作者、学校教师、精神卫生工作者、公共保健护士。

（5）企业型

企业型的人性格外向，爱冒险，喜欢担任领导角色，具有支配、劝说和言语技能。这类人往往缺乏科学研究能力。

企业型的人适于做推销员、商品批发员、进货员、福利机构工作者、旅馆经理、广告宣传员、律师、政治家、零售商等。

(6) 常规型

传统型的人喜欢系统的有条理的工作，具有实际、自控、友善、保守的特点。这类人往往缺乏艺术能力。

传统型的人适于做记账员、银行出纳、成本估算员、核对员、打字员、办公室职员、统计员、计算机操作员、秘书、法庭速记员等。

因此，在选择职业时不仅要准确地考虑自己的职业兴趣和从业能力，而且要准确地知道自己的性格特征，更要考虑职业对人的性格的要求。

04 切勿盲目攀比

盲目攀比在大学生求职过程中是普遍存在的心理，一是择业标准有"三高"，即起点高、薪水高、职位高；二是不从自身实际条件出发，与同学攀比，缺乏择业定向。

攀比心理是大学毕业生在择业过程中极易出现的不良心态。攀比多发生在各方面条件都相当的人群中，这部分人认为既然自己和别人条件差不多，就不应在新的选择中与别人拉开太大差距。一旦发现别人超出自己，就会想方设法地"压住"别人，求得心理上的平衡。如果不能达到别人的水平，就会感到失落不满，产生嫉妒，甚至会采取报复行为。

大学毕业生在选择单位时，往往是拿自己身边同学的就业标准来定位自己的就业标准，从而导致不同程度的攀比心理。表现在就业过程中主要有：忽视自身特点，对自我缺乏客观正确的认识，不从自身实际出发，不考虑所选单位是否适合自己。而是与同学攀比，过多地把注意力集中在他人的就业取向上，自己的既定目标受到他人的干扰，特别是看到与自己成绩、能力差不多的同学找到令人羡慕的工作、获得可观的收入时，觉得自己找不到理想职业很没面子，常常会出现"他（她）都能找到那样的工作，凭什么我不能"的心理。为了获得心理上的平衡，将自己就业的目标定位过高，其结果是高不成、低不就，陷入苦恼中。

蒋雯大学刚毕业便与一家用人单位签约，月薪2500元。是班里所有签约同学中工资待遇最高的，大家都非常羡慕。和蒋雯同一宿舍的韩丽知道后十分不服气。韩丽认为，在校期间自己成绩比蒋雯好，获得的奖学金和荣誉比蒋雯多，在学生会担任学生干部，职位比蒋雯高，积累的社会经验比蒋雯丰富，理所当然地应该找个比蒋雯工资高的工作，不然在同学面前岂不是没有面子？于是韩丽果断地提高了自己的"身价"，面试时大谈特谈自己如何优秀，如何出类拔萃，希望用人单位因此对自己刮目相看，以高薪来"抢走"她这个人才。韩丽甚至提出，月工资少于2500元就免谈。这样在两个月里，韩丽先后和十几家单位进行接触，尽管有好几家单位非常适合她，各方面的待遇也不错，但由于无法满足韩丽的要求而最终没能签约。眼看毕业已半年了，韩丽的工作还没有着落。看着周围的同学都陆续签约找到了满意的工作，韩丽的心理越发不平衡，但也无可奈何。最后，韩丽跑到外地的人才招聘会上和一家用人单位签了就业协议，月工资还不足2000元。

  韩丽的经历让人唏嘘不已，盲目的攀比是造成她今日结局的重要原因。所以，在就业过程中，每一位毕业生都应不断调整自己原有的不切实际的就业取向，不要与他人盲目攀比，特别是要去掉"面子"观念，使自己的心理定位与择业目标要求相适应，不要成为过分的理想主义者，而要培养脚踏实地、从小事做起的心理承受能力。历史上有成就的人，都是从小事做起，一步步走向成功的顶峰。大学生择业时如果有这种心理准备，就可克服其好高骛远的通病，使自己的求职愿望与社会需求相适应。因此，大学生首先要正确全面地作出自我评价，对自己所学专业、工作能力、爱好特长、优势劣势有一个完整的把握。有的大学生整天沉浸在理想王国里，缺乏对自己能力的评估，常常眼高手低，这山望着那山高，不切实际，由于择业时取向过高，往往高不成低不就，造成就业受挫。

  从例子中我们不难得到启发：手指各有长短，人与人更是各不相同，盲目攀比可以说毫无必要，正所谓"人比人气死人"。试问：谁不追求理想职业，渴望获得丰厚的报酬？如果把握得好些，恰当的攀比也是不断向前的动力。然而有些求职者，往往出现心态失衡，又无法及时纠正。

其实，无论就业或择业，不仅受到知识、技能等因素的制约，而且兴趣、性格、机遇等因素也很重要。每个人都有自己的人生轨迹，求职也是同样的道理。也许两人条件差不多，但别人善于推销自己，把握机会的能力强些，最终的职业取向，乃至职位、薪酬、福利等回报都要好些。更不用说原本自身实力就相差甚远，只能适合做普通员工，却一厢情愿地同别人比岗位、比薪酬，这是不切合实际的。

05 择业，还得凭自己的兴趣

兴趣、爱好是职业定位的源动力，任何事情只有对它产生兴趣，才能把它做好，真正发挥出自己的特长，挖掘出潜力。从事一项自己喜欢的职业，职业生涯就会变得更有趣、更有意义，也更容易获得职业满足与成功。球王贝利就曾说过："我热爱足球，足球就是我的生命！"贝利把踢足球作为他终生的职业目标，也正是足球给他带来了无穷的乐趣、荣誉和财富。

兴趣是一个人认识、掌握某种事物，并经常参与某种活动的心理倾向。当一个人对某种事物有兴趣时，就会产生特别的注意力，对该项事物感知敏锐、记忆牢固、思维活跃、情感浓厚、意志坚强。兴趣是参与活动的重要动力之一，是获得成功的重要条件。当其对象指向某一特定职业时，就形成了职业兴趣。职业兴趣在职业活动中起着极其重要的作用。人们通常倾向于选择与自我兴趣类型匹配的职业，以便更好地发挥个人的潜能。

一提到找工作，小马就一肚子的火。一晃大半年过去了，他还没有找到一份称心如意的工作。眼看着同学们都已整装待发，准备踏上工作岗位，而自己投出去的简历却如石沉大海，杳无音信。每提到这些，小马就感觉自己非常倒霉，不知道是自己的要求太高，还是单位看不上自己。他想，自己凭借一口流利的英语，怎么就找不到一份像样的工作呢？虽然上大学时，小马所学专业是电子工程，但他对这一专业提不起一点兴趣，更不用说从事与专业相关的工作了。他只想进一家大型的对外贸易公司，他相信凭借自己的英语水平，可以顺利地与外国人轻松自如地打交道。可是没有一家大型贸易公司愿意给他面试的机会，这让小马真正体会到怀才不遇的感觉。

小马就是根据兴趣寻找工作的求职者，这种方式给他的就业带来了一些困难。虽然他天天在网上投简历，却没有接到过面试通知。原因在于他所学专业与应聘岗位的要求不匹配。招聘人员遇到这样的情况，便不假思索地将求职者淘汰了，这就是小马失败的最大原因。后来，小马意识到了这一点，在投简历时，顺便把在英语方面取得的成绩，如英语等级证书、荣誉证书以及曾经为别人翻译过的英文材料等，以复印件的形式寄给了用人单位。在以后的日子里，小马几乎每天都能接到面试通知。最后，他终于找到了一家大型对外贸易公司，实现了自己的梦想。

现实生活中，许多人都按照自己的个人兴趣、爱好找工作，也有的人因为兴趣而成就了一番大事业，这是一个不争的事实。因此，就出现了一个矛盾：在自己不喜欢的领域里，取得了某些证明个人能力的具体材料，而在喜欢的范围内，却没有实际物证来证明个人的能力。就企业角度来看，评价一个求职者能力强弱、是否适合应征聘工作岗位的关键因素，就是所学专业是否与岗位要求相符合。在这种情况下，如果求职者想从事与专业不对口的工作，必须出示一些具体实证以及证明个人能力的材料，以此告诉面试官，自己完全有能力胜任所应聘职位。小马的例子，就是一个很好的说明。

求职者在考虑就业去向问题时，对某职业的兴趣如何，是在选择职业时应首先考虑的。因为一个人从事自己感兴趣的工作，就可以发挥他自己的积极性，最大程度挖掘自身潜力，努力将工作做好，而且可以从工作中得到满足，感到内心的愉悦。反之亦然。但是还有一些刚刚毕业的大学生为了生存与发展，只要有工作就干，从不考虑自己的兴趣和爱好。上班后，由于自己对工作不感兴趣，而整天无精打采，毫无工作与生活的乐趣。他们认为自己没有找到理想的工作，都是命运的安排，是机遇在捉弄他们，长此以往，竟使原有的工作能力也丧失掉了。

除了以上这种情况，我们在现实生活中还会经常看到这样的现象：有些人学识很高，但是所从事的职业与他们的兴趣不相配，结果整天毫无工作热情。由此可见，从事不适合自己发展的职业最容易摧残人的精神，使人无法发挥原有的才能。

职业定位与个人兴趣是相互影响的。不少人把自己的兴趣与职业定位很好地结合在一起。一个人对某一专业乃至将要从事的某种职业是否有深厚的兴趣，对于他的学习活动和职业生涯有着相当重要的作用。当他对这个专业、这种职业产生了浓厚兴趣的时候，即使在常人看来它很枯燥、很单调，他也会感到丰富多彩、趣味无穷，这正是兴趣这种心理特征的作用。兴趣还可能是一直指引他职业生涯的指南针。曾经有人做过研究，如果你从事自己感兴趣的事业，则能发挥你80%~90%的能量，而且长时间保持高效率而不感到疲劳；而如果你对所从事的工作没有兴趣，则只能发挥你全部才能的20%~30%。

所以，只有那些找到了自己最热爱的职业的人，才能够彻底掌握自己的命运。我们发现那些有成就的人，几乎都有一个共同的特征：无论才智高低，也无论从事哪一种行业，他们都是非常喜爱自己所做的事，并能在自己最热爱的事情上勤奋工作。

因此，求职者要想以后有所成就，就必须找一个自己感兴趣的工作，并以最大的热情投入其中。

06
择业期望值不要过高

　　求职者在制定自己的职业期望值时，一定要克服夜郎自大的情绪。夜郎自大表现出典型的狂妄情绪。这种情绪会导致求职者失去理智，令期望水平居高不下，以至于屡战屡败，最后终因筋疲力尽而失去求职的最佳时机。

　　随着高校毕业生的逐年增多，就业形势越来越严峻。当然，很多大学生并不是自身的实力不如别人，而是他们对自己的就业期望值实在太高了。一些大学生在求职过程中，不但要求薪水要高、工作环境要好，而且还讲究户口、奖金等各方面的待遇，如果用人单位难以满足他们的要求，他们会毫无顾忌地选择放弃这个来之不易的机会。

　　小刘毕业已经两个月了，他一心想找一个很体面、很有前途的工作。在一次招聘会上，他在展台前面转悠了半天，挑挑拣拣，最后他才将简历投向一家汽车研发公司的一个职位。小刘递上了一份求职简历，可招聘人员接过他的简历，看到福利待遇一栏，上面赫然写着："期望月薪4000元，一定要解决住房及户口问题，每年都要有一个月的带薪休假……"招聘人员于是摆摆手说："我们的小庙难以容纳您这尊大佛。"面对这样的打击，小刘仍不死心，要继续找一个工资高、上班轻松的工作。一场招聘会下来，他先后投了7份简历，但都如石沉大海，杳无音信。后来在朋友的引荐下，小刘在一家私营公司担任前台工作，但他认为这是一个高中生就能胜任的职位，如果让他屈驾于此岂不是浪费人才？于是，一个月不到他就主动递交了辞职信。后来几经辗转，小刘凭着丰富的理论知识在一家合资企业找到一份做行政主管的"美差"，但由于没有外资企业的实际管理经验，许多工作难以顺利开展，试用期一到，他就被老板"炒鱿鱼"了。

大学毕业生刚刚走出校门，都有点初生牛犊不怕虎的劲头。一些大学毕业生自认为学识虽算不上渊博，但凭着多年书本知识的积累加上超强的领悟能力，胜任工作应该不会有太大的问题。

而用人单位却觉得大学生没有什么工作经验，再加上又比较傲气，需要先到基层锻炼，等到心态踏实下来，有一定的基层经验后，更利于企业培养。于是，大学生在择业时就经常出现"高不成低不就"的现象。甚至有些条件较好的毕业生，在择业中由于不能及时地调整自己的期望值，盲目追求高工资、高福利，结果错过了许多好的就业机会，有的甚至造成了就业困难。

每个人都希望获得能更好地满足自己的物质和精神生活需要的工作，这种想法无可厚非，但大学生必须看到，由于受到自身条件和客观因素的制约，往往事与愿违。所以要注意正确制订适合自己的择业期望值，如果不能把握好这个度，就很容易走进择业的误区。专家调查发现，现在的大学生就业期望值呈现以下几个特点。

其一，大学生择业心理期望值偏高，但自己又缺乏自信和竞争力。刚刚从校园步入社会，一些大学生就认为自己是社会的栋梁了。这种观点是从小学老师就开始灌输的，这也成为了中学生努力拼搏考大学的动力。但是这种思想并没有因考上大学而减少，反而经过了四年的深造，自己更加确定自己是社会的栋梁之材了。于是，为自己制定的择业期望值就特别高，希望自己一下就能够找到一个工资高、福利又好的工作平台去施展自己的才华。但是因为没有工作经验，所以真正走上工作岗位之后，才会发现自己突然变得那么不自信，自己是那么需要别人的理解和支持。

其二，大学生具有极强的成就感，但他们害怕面对现实。成就感就是想把事情做好的动力，它与个人对自己的高要求、高标准有很大的关系。大学生有着强烈的成就感，什么事情都希望能够做得比别人好，能够博得满堂彩，他们希望通过自己的努力，换取别人对自己的尊重，从而得到相应的社会地位并实现自己的抱负。可是，大学生因为与社会的接触毕竟有限，虽然有较高的人生抱负，可是却根本不了解这个复杂的社会：不了解事情的流程、不了解人情世故。所以他们不愿意去面对这个复杂的社会。

要找到一份称心如意的工作，首先要提高自己的就业竞争力，但最根本的还是要有一个比较合适的期望值，这样才能够既保证自己的信心，也能够寻找到一个比较适合自己的位置，成功的概率将大大增加。那么究竟如何把握择业的期望值呢？专家总结了以下两点建议。

其一，防止偏离自己的择业目标。择业目标的确定要从自身的特点和社会的需要出发，确定择业期望值也应如此。如果偏离自己的兴趣、专业特长和实际能力去选择，你就失去了自己的优势，偏离了自己的择业目标。

其二，防止期望值过高。期望值过高容易使你陷入两种困境：一种是由于超出现实的可能，使你在择业时屡屡碰壁；再一种是即使侥幸获胜，也会因自身实力不足，工作无法胜任而处于被动。调整择业的期望值，通常采用的是"分步达标"和自我调整的办法。所谓"分步达标"，即首先制定一个总的期望值，再将其分解成几个阶段性目标，然后逐步付诸实施。在实施过程中，如果发现自己所选定的阶段期望值过高，就把它改成下一个阶段的期望目标。自我调整，就是自己对职业岗位的期望要按其主次分成不同层次，首先满足主要的需求，然后根据实际情况依次进行必要的调整，直到个人意愿与社会需求两者相吻合。

07 从事与专业相关的职业

现实生活中，许多人从事着与自己专业不对口的工作，不能说这样的选择没有发展前景，但会或多或少限制他们的发展。但是，不管所学专业是否符合个人的兴趣所在，多年的学习势必会有一定的专业知识积累，这样，工作起来才能如鱼得水。

所谓"隔行如隔山"。就是告诉人们行业不同，相互之间的差异很大，无论是从知识角度上来讲，还是从个人具备的能力上而言，不同行业有不同的要求。要知道，人的精力是有限的，在一个与个人专业不对口的领域里付出的精力越多，在个人专长领域里付出的精力就会相对越少，这无疑会阻碍个人的发展，这样做就有些得不偿失了。

徐小月学的是汽车专业，她的父亲是干部，母亲是教授。小月毕业了，爸爸利用关系为她联系了一家非常有名的出版社。可是她从来没有学习过怎样做编辑，不但她的文字水平很一般，编稿、审稿等有关编辑的基本常识都不知道。她看着那些厚厚的稿件和那些用红笔标注的各种符号，脑子一片迷茫。由于不能胜任工作，小月在两个月后被辞掉了。

没过几天，她妈妈又通过关系给她找了份广告公司的工作。对于广告，小月更是一窍不通。一次老板让她就环保饭盒做一个广告创意，她憋了半个月才把稿子拿出来。老板一看，鼻子差点气歪了："你这叫广告创意？你知道不知道什么叫广告？"小月实在是干不了这个活，没到一个月，她就辞职了。

小月很烦恼，她的同学来看她，对她说："你在大学学习了四年汽车专业，为什么不找自己专业对口的工作，反而去干自己不熟悉的工作呢？那里的工作再好，不适合自己也没什么用啊，只有适合自己的才是最好的。"同学的话对她触动很大。于是，小月下定决心要找专业相关的工作。小月参加几场招聘会后，终于找到了一份专业对口的工作。走上工作岗位的小月，如鱼得水，干得非常出色，不久就升职为主管。

多数求职者都希望找到一份待遇好的工作，希望选择一个专业对口的职位。但是，不能忽略这样一些求职者，他们当初选择专业的时候，由于种种原因并没有选择自己所喜欢的专业，因此这些求职者希望通过找工作来实现转行的目的。于是，在找工作中就出现了这样的问题，由于所选择的职位与自己的专业相差太远，所以工作起来感到力不从心，非常不适应。自己所学的专业对将来的发展有很大的影响，因此，从事与专业对口的工作会给自己带来更多便利，更大的发展空间，虽然初涉职场的求职者没有任何经验，还无法判断哪个行业最适合自己，但是，选择与自己专业对口的工作至少是一个明智的决定。

从用人单位的角度来看，无论是大企业还是小企业一般都希望选择专业对口的求职者，因为这样的求职者能够更快地进入工作状态，即使进行岗前培训，也无须花费太多的时间与精力。从就业者本身来看，从事与专业对口的工作更能彰显求职者的个性，因为，在未来的工作岗位上可以发挥自己所学的知识，也可以巩固、丰富自己的知识，而且，通过不断工作，使自己各方面素质均有提高。

每个求职者都希望走上工作岗位后，早日做出成绩，这样才能赢得老板的赏识，从而获得更多的发展机会。大多数求职者都在向着这个目标努力，也为此付出了不少汗水。其实，只要能在工作中，不断发挥自己的特长，并且不断地拓宽知识面，早晚有一天会得偿所愿的。

在求职过程中，一些求职者感叹怀才不遇、命运多舛。一些求职者无论是学识还是为人处世都非常突出，按照常理找一份好工作绝非难事，但他们却找不到一份满意的工作。为什么会出现这种现象呢？也许是没有找到能够发挥自己专长的职位。例如，求职者所学专业是汽车专业，却到一个广告公司求职，结果当然可想而知。求职者在求职过程中一定要注意这一点。

有的求职者讨厌自己所学的专业，即使是这样，也不要轻易地放弃自己所学的专业，可以先找一份与自己专业对口的工作，然后在工作过程中慢慢地寻找机会，并以此作为跳板，从而改变自己的发展方向。"一锤定买卖"式的就业方式是不正确的，毕业后的第一份工作不能决定自己一生的想法。机会就在我们身边，它无处不在，无时不有。因此，先让自己步入社会，积累一些工作经验和社会阅历，同时，再冷静地考虑未来的发展方向，这样才是明智之举。如何才能知道自己是否胜任工作呢？要从两方面考虑：首先，确定自己的专业知识是否过硬；其次，确定自己是否能够经受住工作的考验。一般情况下，用人单位的一些重要职位都是要求专业知识突出，并且要有一定的工作经验的。

如此看来，对于初入职场的大学生，在求职过程中，选择与自己专业对口的工作是很必要的，虽然自己工作经验欠缺，至少在专业知识上占有一定的优势，这样做无疑会增加你的求职成功率。

第二章

主动赢得未来

01
找工作靠信念

　　一个积极主动的人，无论在任何情况下，始终会用一种朝气蓬勃的心态去面对现实。只要保持这种心态，并树立起坚定的信仰，你一定会为自己找到合适的位置，实现自己的人生目标。

　　每个人都有信念，经商的人希望自己财源滚滚，赚更多的钱，职场中人希望自己能够在事业上早日晋职加薪，求职者希望自己能够在求职过程中一帆风顺。由此看来，信念对于一个人是多么重要啊！

　　既然如此，为什么有的人取得了成功，而有的人失败了呢？成功者之所以成为成功者，原因之一是他具备了必胜的信念，正因为如此，他能够充满自信地挑战困难；而失败者之所以会失败，是因为他的心中缺少确定性因素，没有必胜的信心。许多人求职失败，是因为他们缺少必胜的信心，所以才屡次受挫。因此，求职者应该具备必胜的信念。

　　小杜是个不达到目的决不罢休的人，他立志要在上海闯出属于自己的一片天地。但是，接下来的求职经历开始动摇了当初他为自己确立的信念。很快小杜就调整好心态，继续踏上求职征程。

　　果然皇天不负有心人，一个星期后，他便接到了面试通知。他带着自己的简历、学历证明等面试必备材料，来到了面试地点。人事部的李小姐粗略地看了一下他的简历后，对他说："你来得可真凑巧啊，我们总公司的老板正好来公司检查工作情况。"小杜一听，又惊又喜，连忙对李小姐说："我实在太幸运了，麻烦您代为传达一声。"然后，小杜便跟着李小姐来到了总经理办公室，他彬彬有礼地敲开了总经理办公室的门，打完招呼后，总经理示意他坐下，而自己却又投入到工作当中了。

为了打破沉寂的局面，小杜首先做了自我介绍："您好，总经理，这是我的简历，应聘贵公司销售经理。"对方说了声"知道了"，又继续埋头工作。此时，小杜感觉到这次面试可能又完了，在接下来的10分钟内，他回答老板的提问时，表现得有些机械、麻木。

不一会儿，老板下了"逐客令"，小杜不甘心就这样离开，他站起身来，语气坚定地对老板说："我不想失败，请相信我能把工作做好，我不怕任何压力，我能承受住各种困难，我有与公司共同发展的决心和意志，请相信我，我会努力为公司创造利润的。"总经理听完小杜的话，慢慢地抬起头来，用审视的目光上下打量着小杜，随后，他对小杜说："你的情况我已经大致了解了，感谢你来我们公司参加面试。再见！"

小杜的心情非常复杂，他不明白总经理最后几句话的含义，也不清楚自己究竟有没有机会进入这家公司，但他唯一清楚的是，绝不能就这样放弃了自己的信念。

第二天，小杜接到了该公司总经理的电话，对方邀请他到公司进行最后一次面试。接待他的仍然是那位老板。彼此寒暄过后，总经理便说："你是一个勇敢的年轻人，我很欣赏你的勇气和自信，我年轻时候，也像你这样……"总经理为小杜讲述了他年轻时的创业经历，并鼓励他努力工作，要为自己心中的信念一直奋斗下去。最后一次面试当然是成功的，小杜被录取了。

拿破仑说："不想当将军的士兵不是好士兵。"人的禀赋有差异，智力有高低，但天生具有取得成功的条件。你可以不相信天，不相信地，不相信伟人，但是不可不相信自己。只有相信自己，挖掘自己，发挥自己，战胜自己，才能超越自己，主宰自己。

信念是打开成功之门的钥匙，是指引方向的指南针，这个比喻很恰当。的确，要想找到满意的工作，就一定要了解自己的长处，对自己有信心，树立必胜的信念。中国有句成语叫"人贵有自知之明",这个"明"表现为既可以看到自己的短处,也可以如实地分析自己的长处,这是树立坚定信念的前提条件。

在求职过程中,失败是在所难免的,有的人气馁,失去了必胜的信念,而有的人却知难而上,相信凭借着自己的实力,有朝一日一定能够取得成功。求职者只要有了必胜的信念,他就能战胜任何艰难困苦。求职中遇到挫折时,如果认为自己被打倒了,那么他就必然被打倒;如果认为自己屹立不倒,那他就永远屹立着。可见,信念对于求职者来说是多么重要。

失败并不可怕,可怕的是失败之后失掉了必胜的信念,失掉了反败为胜的信念。能否从失败的泥潭里走出来,能否突破人生的逆境,以坚定的信念面对今后求职的征程,是求职者能否求职成功的关键所在。在成功的求职者的词典上,镌刻着两个字——必胜,因为他们具备必胜的信念,所以才能承受住各种考验,才可以在竞争激烈的职场中崭露头角。

02 不以学历论英雄

低学历并不可怕,可怕的是丧失职业目标和理想。作为一个年轻人,机遇还有很多,但机遇只会降临到那些有准备的人头上。所以,希望每一个年轻人都有一个清晰明确的职业规划,为即将降临的机遇早做准备。

"唯学历是举",可以说是当前人才招聘市场的一个普遍现象。对求职者来说,如果没有一个"拿得出手"的文凭,套句时髦的话,你已经被市场淘汰了。用人单位对高学历人才的渴求本无可厚非,问题是,文凭对某些用人单位而言,真的有那么迫切和重要吗?事实未必如此。

在某招聘会上,一则招聘广告吸引了许多求职者的注意,小赵也是其中一员。招聘方是一家国营企业,待遇非常优厚,如果求职者能顺利地通过试用期,就可以为求职者解决保险问题;如果工作满一年,工资就会增长一倍。当然,与待遇问题相对的就是招聘要求,具体内容是:硕士以上学历,工商管理专业优先考虑,必须具有相关工作经验。

第一位求职者看过招聘要求后,便说:"完了,这么好的一份工作与我擦肩而过了,对于其他条件,自己感觉还都可以,但是,我不是研究生。"说罢转身离开了。

第二位求职者埋怨父母没给他聪明的才智,责备用人单位要求过于苛刻,要求必须是研究生以上学历。

第三位求职者看了招聘广告之后,也心存疑虑,他的条件非常好,工商管理专业,且有3年的工作经验,但唯一不足的是他没有硕士学历,他长叹一声后，转身离开了。

小赵与前三位求职者的情况大体相同，她各方面条件都符合，唯独没有硕士学历，但她不想就此放弃这个难得的机会。于是，她积极地参加了面试。在所有面试者中，她是唯一一个不是硕士学历的人。面对眼前这些博士生、研究生，小赵显得有些底气不足，尤其是学历问题，更让她感到有些力不从心，她似乎感受到其他竞争者投来的鄙视的目光，但这些都无法撼动她的信心。当面试官叫到她的名字时，小赵从容地走进考官办公室，在自我介绍中，她将自己的学历坦诚相告。考官对小赵的诚实产生了好感，他面带微笑地问道："我们的招聘要求上写得很明白，既然你不是硕士学历，为什么还要来面试呢？这样既浪费了你的时间，也耽误了我们的许多事情，你认为这样做有意义吗？"小赵满脸通红地说："贵公司的招聘要求我已经看过了，但我认为学历不是主要问题，关键是个人能力，卓越的工作能力可以说明一切。"

面试官点点头，说："你的自信和主动给我留下了深刻的印象，回去等通知吧！"3天后，小赵接到了该公司的录用通知。

在求职竞争中，学历高低并不能决定求职成败，那些拥有名牌大学硕士学历的求职者自认为高人一等，这是求职过程中的一大禁忌，任何一个用人单位都不会只根据求职者的学历去选才，求职者的能力才是用人单位重点考虑的因素。所以，对于那些低学历的求职者来说，首先要有信心，要学会积极主动地抓住机遇，不要被招聘单位设置的高学历门槛所吓倒。

所以每每和那些"出自名门"的对手们竞争的时候，总觉着"气短"、觉得自己不是名校出身，便在求职中有意省去学校的名字，或者在回答的时候支支吾吾，这种现象在不少面试场合已经屡见不鲜，考官们无不表示不会给这样的人提供机会；相反那些不是出自名校，但如实说明毕业学校的人，只要有实力，用人单位照样考虑。

招聘单位之所以在广告中打出高学历的要求，多半是因为他们认为拥有高学历的学生，实际能力也不会差，其实他们首先关注的往往并不是学历，而是能力、态度和人品等素质，如果你学历不高，但实际工作能力强，就应该以积极自信的心态去应聘，把自身的优势展示出来，招聘单位往往会因看中你的能力而对学历网开一面。

　　求职如同销售商品，供需合拍方能成交，应聘同样如此。应聘之前，先要弄清自己到底有什么优点，适合做什么样的工作，做到"自知"；再就是要对招聘的岗位进行分析，弄清竞聘这些岗位需要哪些素质，招聘单位关注的重点在哪里，摸清单位的"底牌"。只有知己知彼，才能准确定位，供其所需，投其所好，有的放矢地去应聘。应聘时，自己所缺的是学历，你就要避开那些对学历和专业水平有严格要求的招聘单位和岗位，而选择那些更加看重能力的单位。

03
勇于指出面试官的"错误"

面试官喜欢征服他们的人,不要认为服从才是赢得面试成功的真理,同时也要看清征服背后的元素,"骂"不是目的,征服才是目的,但在征服过程中要有一个度的把握,掌握好可能会一步登天,把握不好,变成形式化的征服,反而会弄巧成拙。

在企业中,面试官一般都受过三项专业训练,包括心理技术、专业技术、面试流程这三个方面,所以他在面试你的时候首先在气势上占优势,然后再用一系列问题把你带进他所设下的陷阱,很多应聘者在这样的轮番轰炸下就会在不知不觉中掉入陷阱里。

一天,小崔接到了面试通知。面试当天,除小崔外还有8位求职者等待面试,令小崔吃惊的是,来面试的求职者中,除了他以外全部是研究生,小崔顿时没有了底气,但他又想:既然都来了,就碰碰运气吧。

秘书给他们每个人发了一张序列号,小崔被排在了最后一位。只见1号求职者满怀信心地走进了办公室,一会儿就垂头丧气地出来了,很明显,这次面试他表现得不够理想。接下来,求职者面试后的表情与1号求职者大致相同,很快轮到小崔了,他整整衣着,从容地走进总经理办公室。

进屋后,小崔恭恭敬敬地站在经理面前,寒暄过后,小崔说:"我可以坐下来说话吗?"总经理微笑着说:"当然可以,请坐!"然后又继续说道:"你是最后一名求职者,能够与你们10个人见面,我感到非常高兴,你前面的那9个本科生,可以说都能称得上是人才,我很欣赏他们。当然,你是这10

个人中学历最高的一个，公司就需要像你们这样的年轻人。"小崔被总经理的话弄得一头雾水，明明只有9个人，他却说成10个人，自己明明是本科毕业，他却说成是研究生，这未免太荒谬了，一个堂堂的公司总经理，连这点事情都搞不清楚，怎么能管理好这样大的一个公司呢？小崔微微一笑，对总经理说："对不起，总经理先生，我想您的话需要做一些修改。首先，我并不是研究生，而是一个本科生，先前几位求职者才具备研究生学历；其次，今天前来面试的只有9个人，我是最后一个。我不明白，您在处理公司事务时，也会这样粗心大意吗？"

这时，总经理微笑着对他说："你是这9位求职者中最勇敢的一个，也是最独特的一个，我代表公司其他人员，欢迎你加入我们的公司。"小崔高兴地走到总经理面前，紧紧地握住了他的手。

面试时，当考官犯了"错"求职者能否直言不讳地指出来呢？由于经济危机的影响，大多数用人单位都是人满为患，这就导致越来越多的求职者找不到工作。许多求职者会被这一现实情况所限制，他们往往不敢直言说出自己的想法，他们担心会惹怒了考官，于是便一味地随声附和，没有勇气指出考官的"错误"，使自己陷于被动当中，最终惨遭淘汰。

一个有勇气指出面试官错误的人，往往会令面试官刮目相看。随着经济的发展，企业的用人制度也逐渐发展成了民主制，企业领导鼓励员工大胆地展示个人的主张与想法，更希望员工能发现领导决策中的错误，并及时予以指正。因此，好多用人单位在招聘过程中，面试官会以各种方法考验求职者这方面的能力，这一点，应该引起求职者的注意。那么如何在面试中取得优势，赢得面试官的认可得到工作机会呢？

心理上战胜对方。众多应聘者在面试中战战兢兢，把面试官当成是老师，自己仿佛是一个犯错的学生在接受老师的训导。这种定位首先就是错误，在面试中要表现出你的魅力，首先就必须从心理上战胜对方，求职者一定要主动积极争取，从气势上表现出你并非弱者，你是来争取岗位，是将为企业带来利益的人，而不是来接受教育的。

　　逻辑上扰乱对方。面试官在面试应聘者时通常会问一大堆问题让你一一回答，然后他又会从你回答的漏洞中找出问题来反问你。这样一来，应聘者就陷入了面试官的逻辑里不能自拔，被面试官牵着鼻子走。有时候，面试官在面试时故意也会展露一些过错，其主要目的是考验与测试求职者是否具备纠正考官错误的勇气与水平。很多求职者在这样的考验中，往往迷失自我。不能及时指出面试官的错误，难以表现出自己积极主动的一面。那么你要夺回主动权，让他跟着你的思维来走，你可以进行适当的反问，而不是按部就班的回答，要保持冷静的态度进行质疑与询问，在这样的质疑与询问中能够表现出你的勇气与能力，这样就给面试官留下好的印象。

　　一个不能勇于指正领导错误的人，可以被视为是缺乏勇气、不自信。从另一方面来看，也可以反映出求职者的实际能力问题。面试时，遇到了上述情况，不妨大胆地给予纠正，说不定面试官会因为你的勇气可嘉，而向你敞开了公司的大门。

04
机会是争取来的

作为求职者，如果想要求职成功的话，你就必须学会认清和处理那些潜伏在你周围的消极情绪，找到解决沮丧的方法，使自己能够积极地、目的明确地、坚定地去达成既定职业目标。不可否认，这说起来容易做起来难，但在这方面值得投入。要激励自己的斗志，增强自己的信心，以增加你找到工作的概率。

在求职过程中，有一些求职者屡屡碰壁，有的求职者因此而抱怨、悲观，甚至重谈"读书无用论"，专家提醒那些正在抱怨和彷徨的同学，在困难面前，一定要学会端正心态，不要好高骛远，不要妄自菲薄，更不要自暴自弃。求职者还应谨记一条求职规则：敢尝试才有机会。无论遭受多大的打击，都不能失去尝试的勇气。说不定，下一个成功的人便是你。

毕业后小哲只身一人来北京找工作，刚到北京，他就兴冲冲地参加了一场大型招聘会。招聘会场上人如潮涌，每家企业的展台前都挤满了人，唯独一家公司的展台前一片冷清，无人问津。

小哲走到这家公司展台前才发现，该公司只招清华、北大的学生，必须在世界五百强实习过，而且要求5年以上销售经验。在这么苛刻的条件下，这家企业无人问津是完全可以理解的。

小哲一直对销售工作十分感兴趣，但是看看自身条件，根本没有一条符合招聘条件。但他根本不打算放弃，恰恰相反他打算无论如何也要尝试一下。于是，他鼓起勇气走到了这家公司的展台前，负责招聘的主管面无表情地对他说:"你应该看到我们的的招聘要求了吧?"小哲从容地点头说:"看到了,遗憾的是我根本不是名牌大学毕业的,也没有名企的实习经历,而且没有5年以上的工作经验,我仅仅是刚刚走出校门的大学生。"

主管上下打量了一下小哲说:"既然知道自己的条件不符合招聘条件为什么还过来应聘呢?"小哲微微一笑说:"就是因为没有这方面的工作经验我才前来应聘的,我一直都喜欢销售这方面的工作,而且希望您能给我一次表现的机会。"说到这里,小哲停了停,又继续说,"如果一个各方面条件都符合要求的求职者,看到这样的招聘信息,肯定不会应聘业务代表,而是希望得到业务主管的位置。"说完,小哲把带来的简历放在了主管面前,礼貌地鞠了一躬,转身离开了。

对于这次面试,小哲并没有抱太大的希望,出乎意料的是,次日,小哲竟然收到了这家公司的录用通知书。后来他才知道,原来公司设置那些苛刻的招聘条件,就是为了考验应聘者是否具备挑战自己的勇气,是否具有敢于挑战高难度工作的信心。当招聘主管给小哲面试时,小哲已经通过两个难关。他把自信与勇气全部表现出来了,因此赢得了主管的好评。由此看来,收到录用通知书就在情理之中了。

作为一名销售人员,每天的工作内容就是与陌生人打交道,被客户拒绝是经常发生的事情,如果没有越挫越勇的精神,那么工作如何才能做好呢!面试的时候,如果小哲看到自己个人条件与用人单位要求不符,放弃了尝试的机会,那么他又怎么会得到录用的通知呢?

一个真正经得起失败打击的人不会因为成功在召唤时才努力,罗曼·罗兰说过:"我不需要希望才行动,我不需要成功才坚持。"希望获得成功的人,他应自己一次又一次地去尝试。须知:"力足以至焉,于人为可讥,而在己为有悔;尽吾志也而不能至者,可以无悔矣,其孰能讥之乎?"

在求职过程中,总有那么一些求职者做事因循守旧,畏首畏尾,害怕失败。勇于尝试的求职者能够吸引别人的眼球,并且能够给面试官留下良好的印象。当然，尝试并不是盲目的，也不是为了向他人炫耀，只有那些"功力"深厚的求职者，才能让人青睐。

只有敢于尝试的求职者，才有可能求职成功。勇于尝试是求职成功的基础，只有通过不断地尝试，才能将求职者的潜能发挥出来，才能清楚地认识自身的价值，才有可能品尝到胜利的喜悦。

05
适时说出独到见解

在应聘求职的过程中，面试是最能表现出求职者交流能力与应变能力的一关。应聘者与面试官在面对面的近距离交流中，其个人能力与思辨反应就会得到最为充分的表现。但是一些求职者由于心理素质不过硬，害怕失败，很难展示出自己的实力，所以面试中他们就更加谨慎小心，这就导致一种不良倾向，无论面试官怎么说，求职者就会不假思索地随声附和，丧失了主见，因此，求职者便陷入了被动挨打的境地，这样的表现又怎能求职成功呢？求职者必须打破这种错误的心理，在面试过程中，要勇于说出自己心中的想法，把自己对某一问题的见解向考官说明，无论见解正确与否，都能给面试官留下深刻的印象。

做任何事情都要推陈出新，在求职过程中也同样如此，那种别人怎么说，自己也跟着怎么说的面试方法是极为不可取的，敢于将心中的独到见解说出来的人，才能被人信服，才能在众多求职者中脱颖而出。

一家公司招聘一位部门经理，经过几轮筛选，最后剩下5名求职者。老板按照惯例说了一番话："我们公司待遇优厚，人才和设备都是数一数二的，市场份额在同行里也是数一数二的，现在准备进军国际市场，前途不可估量。"在场的所有求职者都异口同声地附和着，只有一名求职者向老板提出了这样的问题："贵公司虽然在近几年内取得了骄人的成绩，但是也应该存在着一些问题吧！贵公司在这么多年都没有打入国际市场，难道不值得深思吗？我个人认为……"这名求职者一边说，一边将一篇分析该公司现存问题的调查报告递了上去，并做了详细的解说与总结，最后还提出了解决问题的具体方案。

老板先是感到吃惊，除了赞叹这位求职者的勇气外，还对他独到的见解颇感兴趣。但是，老板毕竟是老板，他不露声色地说："你虽然有些想法，但这也只是片面推理，虽然你对我们公司有所了解，但是你的见解未必符合我们公司的发展，这样你的功夫岂不白费了？"应聘者继续说："这只是我个人的想法，我希望把自己的想法说出来，不管它的正确性有多高，至少它表示我为了应征这个职位努力过了。"老板听后，满意地点头称赞，当场宣布这位求职者被录用了。

这位求职者上班后，向老板询问被录用的原因，老板说："我看中的并非你的才能，也不是你为公司提出的那些建议，在我们公司里比你有才能的人很多。吸引我的是你的勇气，你是一个有想法、有主见的人，我们公司需要你这样的人才。"

任何企业都不希望招聘没有主见的员工，这样的求职者在择业过程中将面临更大的挑战，这样的求职者缺乏组织能力，缺乏创新精神，属于那种典型的"机械"员工，企业领导只会把小事情交给这样的员工处理，重要的工作绝不会交给这样的员工。要知道，世间万物都没有一成不变的，学习需要新方法，工作需要新方式，由此看来没有创新精神是不行的。

现在有许多求职者为了找到一份满意的工作，不惜放下自己的身段，竭力讨好老板，老板说什么就去做什么，机械地按照老板的指示去做事，即使老板的决策是错的，也不敢发表个人意见，这种人不会有很大的发展，任何一个企业都不喜欢录用这样的人。

有主见的求职者，只要敢于说出自己的想法，不论所提意见正确与否，起码说明他已经用心思考过了，也说明他迫切地需要这份工作，对工作充满了激情。要知道，激情是吹动船帆的风，没有风，船就不能行驶；激情是工作的动力，没有动力，工作就难有起色，缺乏激情，疲沓涣散，很可能一事无成。所以，用人单位对求职者是否说出自己的想法给予了高度重视，每位求职者都希望招到有主见、有魄力的员工。因为，这样的人一般都有潜力可挖掘，也能成为企业培养的重点员工。

06 争取面试的主动权

很多求职者常常把面试看成一个"被动"的过程，认为主动权完全掌握在面试官手里，其实考生更应该把面试看成一场和考官地位平等的"博弈"过程，化被动为主动。

每个人或多或少都会有些求职经历。求职者要为接踵而来的笔试、面试和层层复试做各种准备。看起来，求职者处于被动状态，不断地被面试官观察、询问、剖析、评价。用人单位一次次面试应聘者，以期通过应聘者越来越难以事先准备的反应，考察其真实水平。在这种情况下，应聘人员出其不意地使用一两招"进可攻，退可守"的小招数，或许可以起到意想不到的效果。

一家公司想要招聘一名销售员，招聘启事刊登以后，前来面试的求职者就络绎不绝。经过笔试、第一轮面试的筛选，从中选出10位条件比较突出的求职者进入最后一轮面试。王先生凭借着自身的实力进入了最后一轮面试，他是排在最后一个面试的。面试那天，求职者按照顺序一个接着一个，出来时，有的表情安详，有的表情沮丧，王先生也有些紧张，心想："如果考官在面试我之前，就已经将应聘人员选择好了，那我岂不是就没有机会了啊。"

他灵机一动，从随身带的笔记本上撕下一页，飞快地写了两行字，折好，叫过一位秘书模样的小姐，恳切地请她亲自送到面试官手中。

主考官将纸条打开，上面写着：尊敬的考官，我排在第30号，在未对我进行面试之前，请您千万不要作出最后的决定。一个不会让您浪费宝贵时间的人。

面试官不动声色地将纸条仍旧折好，放在一边。

面试继续进行。王先生终于等到了叫自己的名字，他充满自信地走进了考场。几天后，王先生就接到了录用通知书。事后，面试官说："王先生的个人条件并非十分突出，但是，他写的纸条，确实表现出了一种机敏主动，而这正是从事营销工作需要的一种十分可贵的品质。因此，我们决定录用他。"

王先生被录用，说到底，靠的是他自身的实力。但是，那张小小的纸条也确实功不可没。在未面试之前，王先生已用这块"敲门砖"打开了考场的"门"，给考官留下了一个印象，后来的发展，自然水到渠成了。从某种意义上说，这又何尝不是一种"面试"呢？不过，这个面试的"场景"是作为应聘者的王先生自己"炮制"的。而正是这一"出其不意"赢得的"印象分"，助他得到了那份工作。在这里，无意诱导求职者都挖空心思去表演"临时抱佛脚"之类的"雕虫小技"，但是，现场发挥、"急中生智"有时却会带来意想不到的成功。说来说去，王先生的"急招"也是他平日"修炼"的结果，若仅靠"上场"后的几步跑动，就想"临门一脚"打开考官的"大门"，那是不可能的。

第三章

机智决定机遇

01 拓宽思路，创造机会

拓宽思路的实质是突破自我、突破常规和思维定势。求职过程中，如果始终被因循守旧、固步自封的思想束缚，便不能充分发挥想象力，大脑中将无法闪现出"金点子"，这对就业非常不利。

俗话说得好："吃不穷穿不穷，算计不到才受穷。"这句话说得非常在理。现如今，企业面临着残酷的竞争，因此造成了求职者间竞争日益激烈的局面。通常情况下，企业不愿雇用仅凭体力工作的员工，而非常重视那些善用头脑工作的人。由此看来，无论在面试过程中，还是在工作过程中，求职者都应尽力拓宽思路，争取创造更多的就业机会。

毕业后小马只身一人来到广州，到这里后却一直没找到工作，当他得知一家企业内刊招聘记者后，当即携作品集赶了过去。

到现场一看，人山人海，一个岗位竟然有100多人竞争。见到这阵势，小马心中便有了退出的想法，可又一想既然来了，积累一下经验未尝不是一件好事。

面试的人不少，他想这里绝对不乏学历、资历、年龄、口才各方面都胜过自己的人，而且面试官正是该公司的老总，他又被安排在后面，看着求职者一个接一个面色沉重地走出考场，他就想这个老板一定不好对付，他已预感到形势对自己越来越不利。必须"智取"，方能打动面试官。

这时候，有不少的求职者都半路走了，还有在会客室里坐等的几位求职者开始闲聊。"来的都是有经验的人，小小内刊还拿不下来？一个面试还搞这么复杂！""我们都是搞文字的，还怕了不成，这种东西其实谁都能做，就是能不能做到最好。"

小马机智聪明，灵机一动，他立刻就有了主意，当即写下一篇现场短新闻。回到会客室时，已经没人了，也正好轮到自己面试了。

面试的内容有些出乎他的意料，但也有意料中的事情，神色已略显疲惫的老总既没提业务，也不问求职者经历，而是要他从自己的角度谈谈如何当好内刊记者。小马当即递上刚写完的那篇短新闻稿说，自己的角度就是"敏锐"。小马成了求职者中百里挑一的幸运儿。

既然要拓宽思路，别开生面地看问题，就要有因事而变的本事，要做到具体问题具体分析。始终局限在固有的思想范围内，不敢打破常规，是无法在面试过程中脱颖而出的。只有变化，只有创新，才能吸引考官的注意，提高就业概率。

古人云："反者，道之动也。"意思是说，一种反常规做法往往是万事万物运行规律的体现，这要求人们遇事要具体问题具体分析，因事而变，绝不能一味地墨守成规。

《草庐经略》上说："虚实在我，贵我能误敌。"兵法上有实则虚之的谋略，然而，都没有一定的规定，关键要看个人的悟性。兵者，"诡道"也。所谓"诡"和"谲"之类的词语，在兵家那里是没有褒义和贬义之分的，而这类词语的意思就是一个，那就是变化。在军事上，与其说是斗勇，不如说是斗智。而在求职过程中，与其说斗的是学历高低、证书多寡，不如说斗的是才华与智慧，求职者若能拓宽思路、突破自我、打破常规，就能赢得考官的好评，从而获得就业的机会。

不过，每个人都会"变化"，只是水平有高低之分，要想成为众多求职者中的焦点人物，还需不断培养个人创造力，培养别开生面看问题的能力。只有这样，才能在求职竞争中立于不败之地，才能找到一份适合自己的好工作。

老板都喜欢善于思考、能主动解决问题的员工，这是人所共知的事实，倘若求职者能在面试中将这一点表现出来，就可以吸引考官的注意，为自己成功就业奠定基础。

02 知己知彼，百战不殆

众所周知，某件产品只有符合消费者的口味，才能够顺利、迅速地打开市场，企业用人也是遵循同样的道理。求职者面试前，必须透视用人单位的"底牌"，才能投其所好，顺利地得到应聘职位。

面试的过程中主试与被试双方面对面地观察、交谈，是一种双向的信息沟通过程，主试者通过对被试者的外部行为特征的观察与分析，以及对其过去行为的考察来评价其素质特征。同时，被试者也在对主试者进行观察与分析判断，对主试的个性、爱好、价值观等进行推测，力图使自己的回答和其他表现符合其要求，所以，演好这场重头戏，对求职者来说是至关重要的。

一家报社要招聘一名记者，小尤是10名入围者中的一员。作为一名刚出校门的大学生，无论从学历、工作经验上看，小尤都无法与其他竞争对手相比，唯一值得一提的是，他曾经主办过校报。

面试前，小尤找出该报社的几份报纸，仔细琢磨该报的风格、特色、定位以及主要专栏等，尽量做到心中有数，他还记下了一串常在报纸上出现的编辑、记者的名字。

面试时，当考官问他："你了解我们的报纸吗？"小尤把对该报的认识详细地讲了一遍，包括它的风格、特色、定位、不足等方面，还列举了一些编辑、记者的写作风格和专长。说罢，小尤拿出该报社出版过的报纸，放到主考官的面前。主考官被报纸上的红色笔迹吸引了，原来，小尤早已对这份报纸做了修改，修改内容包括用词、错别字、语言紧密性、题文不符等。主考官与其他评委们都对小尤的做法感到很吃惊。

面试结束时，小尤才知道，在座的几位评委都被他提到了，而且评价得相当准确。最后，小尤把自己主办过的校报挑了几份，分发给各位评委，请他们提出宝贵的意见，并说："就当给我们学校做个广告。"评委们都不由地对眼前这位刚出校门的大学生产生了好感。一个星期后，小尤接到了该报社的录用通知。

俗话说：知己知彼，百战不殆。了解应聘单位对人才的要求，并在求职过程中注意，也会有助于求职成功。对于应届大学毕业生而言，面试则是跨进职场的必经之路。而把守着这"华山一条路"的用人单位主考官，则是大学生们顺利进入职场前必须攻破的第一道关隘。

企业的竞争就是人才的竞争，人才是企业的根本，是企业最宝贵的资源，因此如何选择优秀的人才为企业工作，已经成为企业生存与发展的决定因素。换言之，从业人员的素质高低，极大地影响着企业的成败。为了适应社会的需要，使自己更具竞争力，首先必须清楚企业青睐什么样的人才。一般说来，企业所需要的人才，必须具备以下各项条件。

第一，敬业态度。

对企业用人需求的调查结果表明，工作态度及敬业精神是企业遴选人才时应优先考虑的条件。对企业忠诚和工作积极主动的人是企业最欢迎的人，而那些动辄想跳槽、耐心不足、不虚心、办事不踏实的人，则是讲究团体效益的企业最不欢迎的人。

很多企业老板认为，年轻的职工对待遇和福利的要求越来越高，对工作不安心以及对企业越来越不忠诚。目前这类职工频繁流动的现象已使不少企业将保持职工队伍的稳定性作为企业人事管理的最高目标。

一般说来，人的智力相差不会太大，工作成效的高低往往取决于对工作的负责态度，以及勇于承担任务的精神。在工作中遇到挫折而仍不屈不挠、坚持到底的职工，其成效必然较高，并因此受到上级领导和同事们的倚重和信赖。

第二，专业能力或学习能力。

现代社会分工细致，各行各业所需的专业知识越来越专、越来越精。因此，专业知识及工作能力已成为企业招聘人才时重点考虑的问题。但在越来越多的公司重视教育培训、自行培养人才的趋势下，新来的下属是否具备条件，在于该人接受训练的能力，即学习的潜力如何。

所谓具有学习潜力，是指素质不错，有极高的追求成功的动机、学习欲望和学习能力强的人。现在越来越多的公司在选择人才时，倾向于选用有学习潜力的人，而不是已有专业知识与能力的人。近来公司更流行的做法是在招聘人员时，加考其志向及智力方面的试题，其目的在于测验应聘者的潜力如何。

第三，反应能力。

对问题分析缜密、判断正确而且能够迅速作出反应的人，在处理问题时比较容易成功。尤其是现代公司的经营管理面临诸多变化，几乎每天都处在危机管理之中，只有抢先发现机遇，确切掌握时效，妥善应对各种局面，才能立于不败之地。

一个分析能力很强、反应敏捷并且能迅速而有效地解决问题的职工，将是公司十分重视而大有发展前途的人才。

第四，集体主义精神。

在当今的社会里，一个人再优秀、再杰出，如果仅凭自己的力量也难以取得事业的成功。凡是能够顺利完成工作的人，必定具有集体主义精神。员工在个性特点上要具有集体主义精神或合群性，几乎已成为各种公司的普遍要求。只有通过不断沟通、协调、讨论，优先从整体利益考虑，集合众人的智慧和力量，才能作出为大家所接受和支持的决定，才能把事情办好。

第五，适应环境。

公司在遴选人才时，要注重所选人员适应环境的能力，避免提拔个性极端或太感性的人，因为这样的人较难与人和谐相处，或是做事不够踏实，这些都会影响同事的工作情绪和士气。

新人初到一个公司工作，开始时必然感到陌生，但若能在最短期间内熟悉工作环境，并且能与同事和睦相处，取得大家的认同和信任，企业必定重视该职工的发展潜力。反之，如果过于坚持己见，处处与人格格不入，或不能适应公司文化，即使满腹才学，也难以施展。

03
用"魅力"敲开求职之门

魅力是一种内在的吸引力,是素质及气质的综合体。个人魅力和领袖气质最大的优点是它们能提高影响别人的能力。当面试官认为你这个人很有魅力时,他就会给你更多的机会,这样就能增加求职成功的概率。

据说,只需30秒,你的客户或你的面试官就会在他们心目中给你下一个"最终判决":能不能争取到某张订单,能不能被心仪的公司录取,能不能被大老板青睐提拔……也许就决定于你的一个手势,一句措辞,或是一个微笑。

小曹和另外几位竞争者准时等候在一家外企的会议室门口:会议室的门开了一个小缝,秘书探出头把他身边的一位求职者叫了进去。

小曹紧张起来,10分钟不到,那位求职者就垂头丧气地走出来了,一脸沮丧和迷惘,紧张气氛一下子在剩下的几位竞争者中间蔓延开来,小曹心里也直打鼓,真不知道自己的运气会如何?

第二个进去的是个瘦高小伙,看样子似乎喝过许多洋墨水,他在里头待的时间绝对没超过20分钟,出来时脸上"写"满了怒气,一看就知道是气愤所致。很快轮到小曹了。

进去后,会议室里的情景出乎他的意料,一个面试而已,弄得和毕业论文答辩似的,十个考官模样的人坐在大班台后,一人一题向他发难。这种面试方式倒很别出心裁。

前三个问题纯属业务范围之内的,小曹自觉回答得中规中矩,从第四题起,他们就问得散开了,"你认为你最大的成功是什么?"

"是什么？此时此刻当然是征服你们啦！至于过去嘛，一言难尽呐！一是我的婚姻，如果人生能重来一回，我还将做这样的选择；二是我的工作，无论在哪儿工作，我都是最出色的。"面试官们脸上露出了一种极其满意的表情，相互低声议论了一会儿。

面试官接着又问："你最大的遗憾是什么？"这问题不好应付，说没遗憾吧，人家也许会觉得你狂得没谱；真把那些丢人的遗憾事说出来，他们岂能要我？说时迟那时快，小曹断然答道："过去的遗憾已经化为我人生当中的经验了，正是它们促使我走向了成熟。"他来个"剑走偏锋"，不予正面回答。谁料面试官们竟都微笑起来，特别欣赏他的幽默。

面试好不容易结束了，小曹出来一看表还不到5分钟！他反而疑惑起来，5分钟就能把这么大一家外企的门敲开吗？不太可能吧？

两天过去了，没动静。又过了两天还是没动静？他再也沉不住气了，像这样的慢性折磨谁能受得了啊？死就死个痛快的！冒冒失失一个电话就拨到了那家外企的秘书处，人家不告诉小曹结果，最后在小曹的死磨之下，她还是说出最后胜出的有两人，其中之一便是小曹。现在他们正在权衡比较，"肯定是要淘汰掉一个的。"秘书小姐说。

他告诉那位小姐，我不会被淘汰掉的，你们公司还是快点打电话给我吧，我期待着这样的电话。那小姐乐了，笑着说："好的，我们老总说了，你明天有空的话可以来上班，他说你很有魄力。"小曹就这样被录用了。

小曹能够求职成功，其中很大一部分原因是来自他的个人魅力。从某种程度上来说，很多人之所以成功，是因为他们身上散发着"职场魅力"。在这里，一些专家给求职者提供了3种针对性极强的练习方法，也许能够提升你的个人魅力：

第一，拥有权威的声音。

慌慌张张而又刺耳的声音往往会让别人感到神经紧张。如果能将声音放得稍微低沉一些，速度控制得快慢适中，并且通过一些短小的停顿来引导听你说话的人，便能够很容易地赢得对方的好印象。在国外，有专门的职场声音教练，他们给出的最基本的一条建议是:"在谈话的时候,将身体放松,并且好好地控制自己双脚的位置。"也就是说,如果我们能够在说话的时候保持身体挺直,并将身体重心平均地分配到双脚上,我们的言谈就能够给别人带来更深刻的印象。

第二,优雅的姿势。

我们不得不承认,这一点在55%的程度上要取决于我们的身体语言。当穿着套装的你耷拉着眼皮,慢吞吞地横穿整个办公室时,肯定会在老板心目中留下没有睡醒、对别人不加理会或是唯唯诺诺的坏印象。然而,假如你是很轻松地、挺直腰板地快步走进办公室的话,那么就不会给人前面的那种印象。

这并不意味着我们就要像模特一样走夸张的猫步,只要注意,不要驼背弓腰就可以了。因为只会将身体蜷起来走路的人,常常会给人以一种很不真实的感觉。老板在考虑升职名单的时候,往往会把这样的人的名字第一个删掉。

第三,真诚的尊重。

一个聪明而受人欢迎的谈话对象往往会将自己的注意力集中在对方身上。他会和对方保持眼神的交流,而且说的话比对方所说的要稍微少一些(最佳的比例是49%),这样就标志着:"我不是一个以自我为中心的人,我会给你足够的空间,因为我是个注重和谐的人。"

抱有这种态度的人往往能够给对方充分的信任感,因为他感到自己所谈论的东西对于你来说很重要。真正充满魅力的人是一个值得尊敬的听众,同时也会是一个很忠诚的保守秘密的人。

当然,我们平时要不断地吸收知识,博览群书,开阔视野,多接触人,这样才能使自己在社交场合可以随时投入,成为交谈的主导者,而不至于言谈无味,处于尴尬局面。尤其现在找工作都需要考试和面试,没有一突出的个人魅力很难找到一份理想的工作。在工作单位也要慷慨大度,以获得别人的欣赏和喜爱。不要斤斤计较,保持良好的个人形象。工作中要勤勤恳恳,任劳任怨,尤其是年轻人要多干点,多干活少说话。在学习中和工作中不断地培养个人魅力,做一个人人喜欢的人。

04 把话说到点子上

评价求职者能力高低的关键因素是言谈举止。面试时,考官的眼睛是雪亮的,每时每刻都在观察着你的一言一行、一举一动。一句话说得不准确,就可能影响面试结果。作为求职者的你,应力求把话说到点子上,这样才能巧妙地通过面试关。

语言是人类特有的用来表达意思、交流思想的工具,是一种特殊的社会现象。在面试中,语言是必不可少的,它是应试者与用人单位相互沟通、传递信息的最基本的工具。大学毕业生的自身情况、工作意愿、工作能力以及工作态度、个性特点等,在一定意义上来说都是通过语言表达的,因此,语言在面试中起着至关重要的作用。面试时大学毕业生在语言表达与交流方面的表现对面试的结果影响很大。

两年前,小赵离开了工作三年的国企,跳入人海中,做了一名最普通的销售人员。当时,她没有对公司和自己提出过高的要求,因为她觉得市场并不一定认可她在国企的辉煌。一切都是从头做起,一切都是崭新的。

但是小赵有着很深的社会工作经验,这年头特别是做市场的,经验就是上帝,她很快为自己整理好思路:自己三年的国企工作经验可以看作一个纵向坐标,她了解房地产从物业到开发的全过程;如今,市场是个横向坐标,她需要对行业进行全面了解。

于是她深入房地产的各个流程,熟悉财务、销售、策划、管理、客户、培训等各个环节,这足足又是一年多的时间,小赵认为这并不意味着一定会成功。当初小赵面试时就对自己说,对任何一个成功的人来说,表达都很关键。

在多数人看来,面试时应该由考官掌握主动,但小赵把这个常规给倒了过来。

有一次,小赵参加一个大型的人才招聘会,来到一家她心仪已久的公司。"这么大的人才招聘会,我只关注两个公司,但最后还是把简历投给贵公司。"小赵递上简历,非常真诚地告诉考官。

主考官立刻就有了兴趣,试探着说了一句:"你对我们的期望别太高。"

小赵的话接得很有技巧:"我从事运行的培训,也看了很多这方面的书,经典案例始终都是你们的,现在,我想亲眼看看我听过的经典案例到底是怎样运作的。"

小赵赢得了这次机会。在她看来,应聘者应该持有这样的立场:有诚意,表达清楚,目的专一,而且要学会说话,要学会调动招聘者的激情。

面试中,要想得到面试官的青睐,绝非轻而易举就能办到的,还需掌握以下几点说话技巧,这样才能帮助求职者,顺利通过面试,获取应聘职位。

第一,迂回作答,无懈可击。

面试官提出的问题千变万化,即便求职者准备得非常充分,也会出现一些意外状况。此时,如果求职者不具备随机解决突发事件的能力,无形中就是告诉面试官你缺乏解决问题的能力。一旦将这一点暴露出来,录用名单中肯定没有你,试问,哪家公司愿意聘请一位处事能力欠佳的员工呢?

第二,说话看场合、分时机。

有些初来乍到的大学毕业生,除了学历以外什么经验都没有,如果再不懂得说话艺术,这机缘一失,可能三五年都弥补不回来。随着时代的改变,求职面试中的技巧也在随之变化。以往,求职者只要有较高的文凭,无论到了哪个单位都是一块"香饽饽",好单位任由求职者选择。但现在已今非昔比,光凭学历已经不行了,招聘者除了考察求职者的学历外,还会考察求职者的能力、说话水平。

对求职者来说，要说出一些符合考官口味的话，才能称得上是会说话的人，才能顺利通过面试。但究竟该如何说，便是一个关键问题。在面试过程中，自我展示是一个不可避免的环节。此时，求职者可以通过说话营造良好的谈话气氛，拉近与考官间的距离，并将自信通过语言表达出来。

一些求职者在面试过程中，不知该不该询问公司的福利制度，担心问了以后，会产生负面影响。其实，对于福利待遇问题，求职者自然应该了解清楚，只不过，在提问过程中，要注意一下顺序问题。作为求职方，不能一开始就向考官询问福利待遇问题，要先了解一下工作的内容和性质，然后再提及这一问题。否则，很可能给面试官留下不良的印象。

05
一个漂亮的开场白

面试时有句话叫作"前三分钟定终身",言外之意是告诉求职者要说好开场白。得体、大方的开场白,能给主考官留下较好的印象,为顺利通过面试起到铺垫的作用。

开头开得好不好,主要看你怎么回答这个问题。现实招聘面试中,不少求职者回答这一问题时,往往显得琐碎、啰唆、没有条理。有的从上小学谈起,初中、高中、进厂、干什么工作、表现怎样,等等,过于详尽;有的甚至什么时候结婚、什么时候生孩子等家庭情况也详细介绍,不仅占用过多的时间,而且让人感到乏味。那么,面试应该如何开场呢?让我们看看小邓的面试经历。

大学毕业以后,小邓很轻松地就在一家私营公司谋到了一个职位。工作一段时间后,小邓感觉在小公司里工作,不能完全地发挥出自己的才能,于是,他决定到大公司去求职。一次偶然的机会,小邓得知某一家中法合资企业正在招聘董事长助理。小邓抱着试一试的态度参加了面试。在接待室里,他看到其他求职者都意气风发、气宇轩昂,有的还能讲一口流利的法语,小邓顿时没了自信。但是,他想既然都来了,就不妨试试看。

正在这时,人事部经理叫到了小邓的名字。他礼貌地敲了敲人事部经理办公室的门,经过允许后才推门进入。人事部经理示意他坐下,并要求他用法语进行自我介绍。这一测试对小邓来讲并不是多么困难的事情,10分钟后,小邓顺利地通过了第一场面试。负责第二场面试的是该公司总经理,小邓进门后，总经理并没有问太难的问题，只是让他用中文谈谈对应征职位的看法。小邓惟妙惟肖地描述、丰富华美的词汇，深深打动了总经理，因此，他顺利地通过了第二关面试。

关键时刻终于来临了，最后这一关，主考官是该公司的董事长。不一会儿，他被叫进董事长办公室。刚进门，小邓的视线就被董事长办公桌上的一盆花吸引住了，这是一簇橘黄色的非洲菊，插在玻璃花瓶中，散发出一丝法国情调的浪漫气息。小邓不由自主地脱口而出："好美的花啊！好温馨的工作氛围！"董事长面带微笑地对他说："你好！年轻人，请坐。"小邓顿时觉得有些不好意思，因为他只顾欣赏花，却忘记了与董事长打招呼。董事长似乎看出了小邓的心思，对他说："没关系，年轻人，看得出来你也喜欢这种花。"小邓坚定地点点头，说："是的，我非常喜欢，它叫非洲菊，通常白颜色的较多，这种橘黄色的却是很少见。"董事长显然对小邓产生了好感，他对小邓说："我很喜欢这种颜色，因为它与我头发的颜色很相像。在办公室里摆放这样一簇花，能渲染出浪漫气息，正好符合我们法国人追求浪漫的特点。"说罢，董事长自豪地笑了笑。

接下来的谈话显然轻松了许多，小邓讲述了自己以前的工作经历，包括对职位、职责的理解。董事长也给他介绍了该公司的历史背景、规模、工作范围以及工资待遇等问题。当双方谈到中西方文化区别时，小邓说："我认为，美国人总是精神激昂，富有信心和勇气，而欧洲人则显得非常绅士，含蓄且彬彬有礼。"董事长听后哈哈大笑起来，并对小邓的话表示赞同。

面试持续了一个小时，二人在和谐的谈话氛围中握手道别了。两天后小邓接到了该公司董事长的电话，通知他次日到公司报到。小邓高兴得合不拢嘴，但他心中始终有个疑问：为什么自己能打败其他竞争对手，比自己优秀的人大有人在，难道是因为自己的运气比较好吗？

运气对求职者来说固然重要，但小邓的成功并不单单取决于运气，其主要原因在于，他以温馨的开场白创造了一个良好的谈话气氛，打破了彼此之间的距离，这为接下来的顺利交谈搭建了一座坚固的桥梁，为面试成功埋下了一颗善意的种子。

有些求职者不知道如何才能将开场白说好，当然这要因情况而定，不过，也有一定的规律可循。

第一，寒暄、问候必不可少。

现在大家都知道"前三分钟定终身"，而前三分钟所能说到的，通常就是寒暄和问候等看似与面试毫无关系的话题。也许你会说："面试考察的就是专业知识，我就盼着赶快进入正题。"其实，你既然已经被通知去参加面试，就说明你的专业背景已经与企业所要求的条件基本吻合了，那么面试人员主要看什么呢？就是看你是否与这个企业的员工气味相投，并通过你的言谈举止考察你的沟通交际能力。所以有经验的面试官会在前三分钟聊天气、交通、时事、近来的热点问题等，甚至聊办公室附近的建筑物，看对方是否能应对自如，以判断你是否有能力在最初的接触中就给交谈者留下一个好印象。

第二，注意提问的方式。

在面试中，"问""听""观""评"是几项重要而关键的基本功。在此，我们重点讨论面试提问的技巧。就"问"而言，无论哪种面试，都有导入过程，在导入阶段中的提问应自然、亲切、渐进式地进行，如什么时候到的，家离得远吗，是怎么来的，等等；同时，面试考官的提问与谈话，应力求使用标准话及不会给应聘者带来误解的语言，通俗、简明地表达自己的问题；并且，问题安排要先易后难，循序渐进，先熟悉后生疏，先具体后抽象，让应聘者逐渐适应、展开思路，并进入角色。当然，提问方式的选择以及恰到好处地转换、收缩、扩展问题，问话和结束，也有很多值得注意的技巧。

第三，选择轻松的话题。

面试气氛往往是比较严肃的，面试官一般会根据应聘者的简历，提出几个相关问题，依据求职者的回答内容判断其是否符合应聘职位。此时，求职者如果单一地与面试官聊这些正面话题，通常情况下，不能排除面试场合中的紧迫感，影响面试效果。为了缓解紧张的谈话氛围，求职者可以谈些轻松的话题，如个人兴趣爱好、外语水平、将来的打算等。要知道，任何一个用人单位都希望招聘到一个综合素质较强的人才，而谈这些轻松的话题，则能很好地体现出一个人的综合素质，为面试官进一步了解你的能力提供便利条件，这是一举两得的做法，何乐而不为呢？

06 投其所好是取胜的法宝

投其所好，是一种练达、一种智慧，它实际上是一种沟通。投其所好，是联结求职者和面试官的桥梁，是促使其联姻的"红娘"。投其所好，是调动你的知识、才能的优势，向面试官发起的心理攻势，直到得到对方的"芳心"，心甘情愿地录用你的行之有效的方法。

在面试过程中，如何打动面试官是一门艺术。打动人心的最佳方式，是跟他谈论他最感兴趣的、最喜爱的事物，即投其所好。如果这样做了，成功就会降临到你身上，"说别人喜欢听的话，双方都会有收获"。投其所好法是求职者成功推销自己的最有效方法之一。

小南大学毕业以后，和其他的求职者一样，奔波于各大招聘会之间。可是，由于每年高校毕业生过多，这就势必导致竞争日趋激烈。小南为了找到一份与新闻专业相关的工作屡屡碰壁，一家报社终于答应给她一次面试机会。这对小南来说，实在太难得了，她做好了充分的准备，决定将自己的才能毫无保留地展现给该报社领导。

面试当天，小南把在校期间曾发表过的作品，以及取得的荣誉证书全部摆在了报社领导面前。该报社领导面无表情地打量着小南的一举一动，不时发出一声"嗯"。小南知道，这是不满意的信号，但是这次面试对她来说太重要了，所以，她准备说些令面试官感兴趣的话题，为自己赢得一次机会。于是，她对报社领导说："我想您不仅对传统文化很精通，对现代文学想必也很有研究吧？"这句话果然引起了该领导的兴趣，他兴高采烈地说："你对这方面也很了解吗？"

小南点点头，说："可以这么说。"二人就此话题聊了将近一个小时。最后，报社领导对小南说："我们报社正需要你这样的人才，明天就过来报到吧。"

就小南的求职过程来看，起初，小南将自认为非常重要的东西摆在报社领导面前，不但没有引起报社领导的注意，而且还适得其反。为什么简简单单的一句话却赢得了报社领导的赞许，而且成功地获得了应聘职位呢？其原因就在于，小南说出了令该领导感兴趣的话题，并借着这一话题，把个人的综合素质也表现得淋漓尽致，不仅展示了自己的才华，也加深了领导的印象。

这个故事从心理学的角度来看，就非常容易理解，一般情况下，当人们遇到自己感兴趣的话题，就会投入十二分的热情，但是，如果对话题没有丝毫兴趣，即使对方热情高涨，自己也会昏昏欲睡。

面试中，面试官不会对自己不感兴趣的话题投入过多的热情，而如果遇到自己感兴趣的话题，他们常常会情绪激昂地参与进来。因此，在与面试官对话时，求职者就可以抓住面试官的这种心理，从而实现更深入的交流。

把话说到面试官的心坎上，是一种高超的语言技巧。与面试官交谈时要"投其所好""避人所忌"。俗话说：酒逢知己千杯少，话不投机半句多。要想打开求职成功的大门，就要学会对着面试官的心窝说话，让美好动听的语言走进面试官的心田。

找准话题，就会与对方产生共鸣，谈论别人感兴趣的事物，是深刻了解人，并与人愉快相处的交往方式。

在面试中，如果面试官明显地反映出对你的话题参与不多、言语不多的时候，他可能对你的话题漠不关心，也可能是因为害羞或者是不感兴趣。此时，你要尽量让他的热情高涨，这样才能让你们之间的气氛尽快变得融洽起来，要想做到这一点，如果没有故事中的小南那样反应灵敏，就需要求职者在与面试官说话时，事先更多地掌握面试官的信息，知己知彼，百战不殆，只有了解到面试官的基本性格习惯和心理特点，在面试的时候才不会触礁，而是谈笑风生，让人如沐春风！

07
抓住机遇，稳操胜券

善抓机遇固然重要，但抓住机遇不能即兴发挥也是枉然。求职面试本来就是一场竞技，比的是捕捉机遇的能力和现场发挥的本事。求职者应捕捉、创造机会，并将自己的能力和水平发挥得淋漓尽致。

单位招聘过程中，面试官要接见多名应聘者，在同等学历、同等水平的情况下，面试官势必会产生视觉疲劳，不能理智地作出评价，此时，聪明的求职者能在面试过程中，抓住机遇，并将其大肆发挥一番，使考官产生耳目一新、赏心悦目的感觉。

小丽是学会计专业的，学习成绩突出，还是校学生会干部，每年都是校三好学生……这些经历让小丽的简历比其他同学显得更具有含金量。因此，刚开始找工作时，她非常自信地以为找一份月薪2000元的工作应该不成问题。

可一旦投身在滚滚的求职大军中，小丽立即意识到，自己的想法太天真了。那么多名牌大学的优秀大学生乃至研究生都为了一个小小的职位抢破了头，她的学校牌子又不那么硬，拿什么和人家竞争？她的自信心开始动摇，在矛盾与不安中她接到了一家知名企业的面试通知。

这让小丽既高兴又紧张，因为她从来没有面试的经验。为了让自己在面试中表现得更加出色，她在图书馆里泡了好几个晚上，阅读一些关于面试技巧的图书，看得头昏脑胀，满脑子都是该如何应对主考官的刁难。

面试的那一天终于来到了。小丽走进考场后才发觉，与她一同面试的其他五个人都是男生。考场是一个很小的会议室，中间是一张圆桌。考官坐在圆桌一边，她们几个人坐在另外一边。

工作人员拿来六杯水，其他几个男生直接拿起自己面前的水杯就开始喝。小丽一转念："不对啊，几个考官都还没有水喝呢，我们怎么可以抢先呢？"于是她很有礼貌地把杯子递给离她最近的一个考官。

"还是女孩子心细啊。"坐在中间的一位考官说，另外几个正在喝水的男生立刻窘住了，面面相觑。小丽暗暗自得，不忘对考官们露出谦逊的微笑。

几位考官介绍了公司运营方面的具体情况，也聊了聊他们的专业和对公司的想法。由于刚才的"喝水事件"，另外几个男生都比较拘谨，反倒是小丽和考官们谈笑自如。面试很快结束了，由于"让水事件"和面试中的突出表现，小丽最终通过了面试，获得了令人羡慕的工作。

有人说，面试就像是一场游戏，面试官总希望能够了解到应聘者更多的信息，而被试者一方面要展示自己的优势，另一方面又要尽量掩饰自己的弱点。其实面试不是游戏，而是一个深入交流的过程，面试官们是将你作为一个即将进入公司的人才来进行考察的，当然想更多地了解你，但这种了解并不是所谓的无理刁难，而是真诚的沟通与交流。作为应聘者，在这一过程中我们要做好充分的准备，把自己最美好的一面展示给对方，也不要忘记，与考官坦诚相对。一味地掩饰与犹豫，只会给自己"减分"，让原本可以顺利的就业之路变得不那么顺利了。

08 做好充足准备去求职

面试是求职者求职择业的关键环节,与做任何事情一样,失败永远比成功来得简单、容易。希望能引起求职者的高度重视,以免因不慎而使择业功亏一篑。常言道：不打无准备之仗,30分钟的面试,要做30小时到300小时的准备都不为过。

如果以一天工作8小时来计算的话,一个普通人,一生花在工作上的时间可能会高达84000个小时。而在这漫长的职业生涯中,决定你一生的可能只是面试时那短短的几十分钟,所以你没有任何理由不重视面试！

在人才市场毕业生就业服务周期间,小姚参加了几场现场招聘会,但他并没有向任何一家用人单位投递求职信和简历。因为他看中了本市的一家传媒公司,决定去该公司应聘。

第一天,他从网上下载了所有关于该公司的详细情况介绍,包括公司董事长、总经理的姓名、简历和公司各部门的分工情况,从公司的建立到近期的业绩等,对该公司有了大致的了解,他对该公司的业务活动和市场前景进行了分析,找出其需要改进的地方和优势所在。

然后,通过前两天的调查分析,他认为该公司在形象塑造方面需要进一步的提升和完善,然后他针对这点精心策划了一个改善公司形象的建议和方案。

中途还休息了一天,调整状态。

第六天,早上9点整,他夹着公文包来到该公司,对前台工作人员说他要找马经理谈业务。该工作人员看他一副老练而严肃的样子,热情地把他领进马经理办公室。

他说:"马经理,您好!"

马经理说:"你好!你是?"

他说:"我想跟您谈个合作项目,我想您需要这个项目,它对您很有用。形象是公司的无形资产,也是最有价值的资产,好的形象会给公司带来不可预测的经济效益和社会效益,贵公司在今年的业绩良好,但我认为还可以有更大的进步。然而制约其发展的就是没有很好地发挥品牌优势和形象效应。在形象这一块还有很大的发掘空间。这是我对提升贵公司形象的一个策划书,请您考虑。"说完他把策划书递了过去。

马经理一脸疑虑地接过策划书,但在翻阅策划书时,这种疑虑逐渐消散,最后有点兴奋起来。

马经理说:"请问贵姓?在哪里工作?"

他知道有戏了。然后赶快把他早就准备好的毕业证书、学位证书及各种考试证书和获奖证书一股脑儿地堆在马经理的办公桌上。

他说:"很抱歉,马经理,请原谅我向您撒了一个谎。其实我是来贵公司应聘的,这些都是我的学历证书和简历,请您能考虑,给我一个机会,我一定会给贵公司带来更大的效益。"

马经理开始一惊,马上就和气地说:"我会认真考虑,你回去等通知吧。"几天后,他到该公司上班,分在了公关部。

要得到任何一个职位,必须经过面试这一关,短短几十分钟的面试也许就决定着你的职业生涯,当你接到企业的面试通知电话后,应该做什么呢?

接到面试通知电话时一定要问清楚应聘的公司名称、职位、面试地点(包括乘车或开车的路线)、时间等基本信息,最好顺便问一下公司的网址、通知人的姓名和面试官的职位等信息。这里提醒大家,尽量按要求的时间去面试,因为很多企业都是统一面试,如果错过机会可能就错失了。

上网查一下该公司的相关背景和应聘职位的相关情况。公司背景包括企业所属行业、产品、项目、发展沿革、组织结构、企业文化、薪酬水平、员工稳定性、发生的关键事件等，了解越全面、深入，面试的成功率就越高，同时，也有助于对企业的判断（人才和企业是双向选择的关系）。

应聘职位情况包括应聘职位的职位名称、工作内容和任职要求等，这一点非常重要，同一个职位名称，各家企业的要求是不尽相同的，了解越多，面试的针对性就越强。

09 面试中巧谈薪水

讨论薪酬与商品买卖过程中赤裸裸的讨价还价是完全不同的两码事。尽管面试双方都不讳言薪酬问题，但一个人的薪酬与其能力、作用、表现、贡献等息息相关，在用人单位尚未了解你上述情况时，如果直奔主题，好像找这工作就是冲着薪酬而来，给人的第一印象会大打折扣。就是有机会进入商讨阶段，如果开价过高，也难以被用人单位接受；开价过低，吃亏的是自己；而"打闷包"吧，又心有不甘。因此，对求职者来说，掌握一定的技巧、把握与用人单位讨论薪酬的时机非常重要。

长期以来，多数职场专家认为，面试的时候最好不要谈有关薪酬的事情。谁首先提到薪金就对谁不利。但是在实际过程中，面对的情况又不尽相同，求职者如何在面试薪酬谈判中给自己定位呢？

对于寻找职业机会的求职者来说，面试过程中对薪金保持沉默不是好的建议。在面谈的整个过程中，如果你对薪金要求一直保持沉默，会发生这类情况：该公司给了你报价，令人难以置信的低。现在，你不能说："如果你们想聘我，必须大幅度提高这一薪金报价。"即使你可以这么说，但因为你谈判这么久而没有提出自己的薪金要求，也使自己处在了十分不利的地位。这本是你该做的事情，但你没有把它说出来。让我们看接下来的例子，或许能给求职者一些建议。

那天小马去参加一家心仪已久的公司的面试。走进接待室，里面坐着一个高个的女孩，她是小马的唯一竞争者，小马大度地对她报以礼貌的微笑，她也对她点点头。环顾着室内考究的装潢，小马不由得感慨："看样子，这家公司实力还挺不错。""是不错，可不知能给我什么样的待遇。"高个女孩说。

这话听起来让小马不舒服，仿佛她肯定入选。她看上去年龄不大，穿着还很得体，化了淡妆，可见是做了一番精心的准备。小马只是淡淡地说："只要被录用，待遇肯定不错。""待遇很重要，面试时我得问清楚，怎么说我也是名牌大学本科毕业，通过层层筛选才走到这里来的，免得事前不说，事后懊悔。"听了她不知天高地厚的话，小马觉得十分可笑。

一会儿，秘书来了，她先被叫到面试室。面试室就设在接待室隔壁的小会议室里，她被叫了进去，门随即被关上。等了好长时间，面试室的门开了，有个中年人从里面出来，这时候传来了她的声音："我觉得贵公司的底薪定得低了一些，还有，如果你们不提供员工宿舍，请给我住房补贴。"随即门又被关上了。

轮到小马了，考官问的几个专业问题都是她在以前的工作中遇到过的，她回答得很流利，他们似乎很满意。最后坐在中间的主考官问她："我们的问题都问完了，你有什么问题要问吗？""没有！"小马不假思索地回答。"真的没有？比如说工资、福利、住房……"她说。"我不在乎待遇，只想获得这份工作。"她毫不犹豫地说。"那好吧，面试结束，我们明天给你答复！"考官微笑地对她说，她感到这份工作正在向自己招手。

第二天，小马很早就到了那家公司，接待她的那个秘书对她说："很遗憾，你没有被录用，其实你挺优秀的，只是……"小马一下子懵了，眼泪竟不争气地流了出来。"别难过了，以后还有很多机会。不过，我要提醒你，以后再应聘要提待遇、争待遇，不问不争其实是不自信的行为。"秘书真诚地说。小马才猛然醒悟，原来在竞争激烈的职场，大度和高姿态只是弱者的表现，这里永远不相信眼泪。

一般企业尽管有自己的薪资方案，但为了吸引人才，树立企业形象，原来的薪资方案在一个小范围内还是有一定的变通余地的。如果你不好意思谈薪水，只是草草地说"按企业的规定办"之类的话，表明你对你自己和企业都没有一个清醒的认识，这对你来说并没有什么好处。

　　你可以大胆地说出你的待遇期望。薪酬要求一般分两类：一类是心理底线；一类是期望值。心理底线是低于这个水平你就不会接受的，而期望值就是能使你很满意的薪酬水平。如果是填写应聘表格，最好填写一个中间值，在经过考察，感觉公司整体条件很好的情况下，提出你的期望值也没有问题。所以在提出自己要求的时候一定要认真考虑，如果没有特别说明，招聘单位向应聘者询问的都是指税前薪水。税前薪水－社会保险及住房公积金个人扣除部分－个人所得税＝税后所得。但是目前不是每个企业都是严格按照实际薪酬比例来缴纳保险和公积金的，所以还应事先问清楚缴纳的额度。

　　应聘者还要注意不要过度要求，否则让对方破例后，到时你进来后对方也会以更高的要求来考核你。为了保险起见，应聘者最好让对方在接收函上写明薪酬、试用期限、上班时间等。

　　总之，好的薪水是要用自己的实力去得到的，但多调查和多注意这方面的资讯，使自己在面试前做到对这个职位的大致薪水有个了解，就会使你不至于提太高或太低不切实际的要求，从而失去到手的工作，更重要的是谈薪水关键在于充分地展示自己的实力。

第四章

胆识决定胜负

01
充满信心去面试

有人总结出，在激烈竞争的职场中，必备5个C才能立于不败之地：Confidence信心、Competence（能力）、Communication（沟通）、Creation（创造）、Cooperation（合作）。在这5个C中，首先最重要的是信心，信心代表着一个人在工作中的精神状态对工作的热忱以及对自己工作能力的正确认知。有了这样一份信心，工作起来就有热情有冲劲，可以勇往直前。当然，有的时候我们也会面对失败和挫折，但这些并不可怕，每当你经历一次打击便学到一份知识，便积累一次力量和勇气。所以，在面对任何困难和挑战时首先要相信自己。

大凡参加面试的求职者，犹如丑媳妇即将面觐未来的公婆一样，都有一种惴惴不安的心理，初出茅庐、刚踏入社会者如是，就连那些自命不凡、在职场纵横驰骋者也概莫能外。究其原因，无非是双方地位不平等造成的。一方居高临下、千挑万选，一方战战兢兢、唯恐出错而饭碗无法到手。求职者实际上未战已先屈于人，只有极具信心才可涉险过关。

某广告公司欲招聘一名文案策划人员，当得知招聘消息后，马爽便前往参加面试。

面试过程中，主考官问她："有相关工作经验吗？"

马爽摇摇头说："没有，在此之前我是一名新闻记者，对广告策划这一行不是十分清楚。"

主考官继续说:"我们的招聘要求是必须有两年以上工作经验,既然你没干过,我们将不考虑选择你,我们对此感到非常抱歉,希望日后能有合作的机会。"

马爽听到主考官的话,站起身来,礼貌地说了一声:"再见。"当她走到门口时,突然转过身,对主考官坚定地说:"我有信心能将这份工作做好,尽管我没有工作经验,但我有深厚的文字功底,虽然我从未涉足过广告这一行业,但我相信自己的能力,我一定可以把工作做好,希望贵公司能给我一次机会。"

考官见马爽如此坚决,便给她出了一道考题,让她去做一个项目。马爽接到任务后,将公司以前的成功案例借来细细揣摩,直到心中有数后才着手去做。为了设计出一份令考官满意的文案,马爽费了不少心思,她一边揣摩老板的意图,一边调动大脑中的灵感细胞,力求把文案做得完美无缺。她希望通过这份作品,能让考官相信自己有能力担任此项工作。次日,马爽拿着完成的任务,来到主考官办公室,非常自信地对考官说:"我相信自己能做好这份工作。"

主考官仔细地看完马爽的文案后,只改动了其中几个字就将文案卷了起来。他说:"我相信你会成为一位非常优秀的文案策划人员,恭喜你被录用了。"马爽高兴地握着考官的手,连忙说:"谢谢。"考官眯起眼睛,笑呵呵地说:"怎么能谢我呢?是你的自信为你赢得了机会,应该感谢自信才是啊!"

马爽是个充满自信的女孩,尽管她没有做过广告文案策划工作,但她敢于挑战困难,她让考官感受到了她的自信与勇敢,正因为这样,才得到了一份很好的工作。

每个人都知道自信心非常重要,但并不是每个人都能做到自信,尤其在好不容易碰到工作面试机会的时候。为什么自信不是人人能做到的呢?是因为自信并不是说有就有说来就来的。自信心没法盲目得到。真正的自信心是来自内心的力量,这种内心的力量建立在对自己能力的肯定以及对待工作正确而积极的心态上。

对自己工作能力的肯定,是自信的基础,这样的自信是踏实的,是坚定的。要做到对自己工作能力的肯定，首先要做到知己知彼。知彼就是要对申请的岗位以及组织有一个全面的认识，知道这个岗位有什么样的能力需求和素质需求，用人单位看重的是什么；知己就是要了解自己的能力及优势、劣势，用自己的能力和优势来向用人单位证明你是最合适的人选。

正确而积极的心态来自对工作机会的正确认识。虽然现在职场竞争激烈，工作机会对于每个求职者来说都极其宝贵。但宝贵并不等于要乞求，组织和个人之间是双向选择，是寻找一种最佳的匹配。如果机会给了你，是因为岗位需要你这样的人才，你能满足岗位的要求，而不是用人单位恩赐于你；如果机会没有给你，只是因为你和岗位不是最佳匹配而已，这个机会本不属于你。抱着这样的认识，你的心态才会平和，不会急于求成应声附和委屈求全，也不会因为一次被拒绝而影响你的心情，击败你再次寻找工作机会的自信！

面试时真正的成功在于展示最原本的真正的自己，展示自己优秀的独特的个性，展示自己的智慧。说到底，展示的是自信心。

02 树立自信，抵制自卑

自卑者不妨多做一些力所能及、把握较大的事情，并竭尽全力争取成功。成功后，及时鼓励自己："别人能做到的事，我一样可以做到。"当面对某种困难，感到信心不足时，"豁出去"的自我暗示反倒能使人缓解心理压力，从而充分地发挥个人的潜能，最终获得成功。

有句话说："天下无人不自卑。"无论圣人贤士、富豪王者，抑或贫人寒士、贩夫走卒，在孩提时代的潜意识里，大多都是充满自卑感的。因此，一个人若想求职成功，就应该将自卑感踩在脚下，将自信挂在脸上，这样才能承受住求职中的种种打击。

小薰是个腼腆的女孩，说来做会计已三年了，而且业务基本熟练，工作又认真，看到别人跳槽去了不错的公司，自己也想试试。可就是每次去应聘，都是输在了面试上，见了面试官，如履薄冰，手脚不知往哪放，头不敢抬，眼睛也不看人，本来平时都能回答上来的问题，这时脑子一片空白，还出现所答非所问的现象，回来后又懊恼不已，自惭形秽。越是这样，就越是严重影响下次面试的心态，产生自卑心理，形成恶性循环，慢慢就失去了信心。后来，小薰请职业顾问为其做了面试辅导，掌握了一定方法，有了一定信心，虽然又经过两次失败，但一次比一次有进步。每次回来后，职业顾问就与她一起分析问题所在，然后进行压力面试、场景练习，第三次，小薰终于成功了，去了一家心仪的公司。小薰的问题是个心理问题，属于自卑畏怯、信心不足、心态不佳问题。所以第一步要解决她的心态问题，要让她充满信心地去参加面试，要有一个好的心态，心态决定思维，思维决定行动，行动改变结果，结果构成命运。

自卑是一种典型的消极的心理现象，是个人对自己评价偏低的一种心理倾向。自卑感严重的人，往往处世消极，工作不思进取。这种心理对于参加面试的求职者来说，危害非常大。在面试过程中，这类人往往会将自己与其他求职者在多方面进行对比，尤其是习惯于拿自己的短处同对方的长处比。因而越比就越没信心，自卑感也就更强。他也希望能够给主考人员留下一个较好的印象，却又不相信自己能够做到。于是导致在面试中出现种种窘态和难堪，如脸红、出冷汗、喉头战栗、发音吐字不清等。在这种状况下，考生的真实水平是无法发挥出来的。临场心理状态不佳的考生，多是因为认知不正确，可以利用认知重塑法进行矫正。

如果求职者在面试过程中感到信心不足，在日常交往活动中不妨试着从以下五方面来强化自信心，为成功的面试做准备。

第一，在陌生人面前，你不了解对方，对方也不了解你，要充分意识到自己的有利条件，不可妄自菲薄。

第二，保持与对方谈话中的沉默间隔，不要急不可待。这样会使你有思考时间，也使对方感到你是一位充满自信的人。

第三，如果对方声音超过你，你可以突然把声音变轻，这种音量差会给对方造成心理压力，使对方更想细心地听你说。

第四，盯住对方的眼睛讲话，如果对方回避你的目光，说明你比他坚强。

第五，经常考虑这样一个问题：人各有长短，都存在着有求于人和被人所求的可能，不能因为有求于别人就感到自己低人一头，也不能因为被人求而趾高气昂。

一般说来，缺乏自信的人，多是性格内向、勤于反思而又敏感多疑的人。他们的自尊心很强，但不懂得如何积极地获取自尊，而是采取消极退避的方式以保护自尊。正是为了追求一种不使自尊心受到伤害的安全感，为了不在别人面前暴露自己的弱点，于是不敢坦率地介绍自己，不敢大胆地推销自己。他们唯恐别人看不起自己，实际上，正是由于自己低估了自己，别人对他们的轻视态度，常常是由于他们的自卑和退避造成的。

03
能力是金，证书是银

与以前不同，现在是单凭一大堆证书、文凭吃不饱的年代。在目前的求职过程中，手捧金光灿灿的各种各样的证书显得有些苍白无力。凭借高文凭或证书就能找到一份好工作的时代已成为过去，取而代之的是用能力找工作。

有句话说得好："倾听是金，雄辩是银。"用在求职上，也可说成是"能力是金，证书是银"。当前，许多企业已经忽略了学历与证书的效力，将注意力转移到求职者的实际工作能力上，这为许多有能力，但没学历、没证书的求职者打开了一条成功就业的通道。

某中美合资企业要招聘一名总经理助理。小田与其他求职者一样，带着简历以及各种证书，前往该公司面试。不过，与其他求职者不同的是，小田并不符合招聘要求，她没有英语四级证书。可是，这家公司的规模、福利待遇，对小田充满了诱惑。她一直向往到大公司工作，也为此做了很多努力。

到了该公司楼下，小田被高档、气派的写字楼吸引了，她更加坚定了求职的信心，她给自己鼓了鼓劲，然后就走进了写字楼。

公司的一名接待人员将所有应聘者安排在会客厅内等候面试。不一会儿，人事主管宣布了一条规定，他说："请各位仔细察看本公司的招聘要求，如有不符合的，请大家自觉离开，以免耽误个人以及公司的时间。"说完后，便转身离开了。小田反复地研究招聘启事，她各方面条件都符合，唯独没有英语四级证书。她知道，要想进合资企业工作，具备英语四级证书是最基本的要求。小田开始后悔自己不该来这里碰运气，当她抬头观望时，发现会客室里的人已经少了一半。于是，小田想，既然来了，就试试吧，要坚持到最后一刻。

没有离开的人大都很出色，与这些人竞争，无疑要花费一番心思。只见几个应聘者进去的时候都是雄赳赳气昂昂的，仿佛获得这个职位是易如反掌的事，可是，从总经理办公室走出来后，个个都垂头丧气，显然是没有顺利过关。当总经理叫到小田的名字时，她顿时紧张起来，她用发抖的双手将各种材料放到总经理的桌子上。外籍总经理看完小田递过去的简历和各种证书后，用蹩脚的中文对她说："你大概忘记带英语四级证书了。"小田满脸通红地说："对不起总经理，我不是忘记带了，而是根本没有英语四级证。"这位总经理用异样的眼光上下打量着小田，似乎她是一名"天外来客"。随后，他叫来工作人员请小田出去。此时，小田用流畅的英语激动地对总经理说："证书能说明什么问题？我虽然没有四级证书，但是我能用英语与外国人进行很好的交流。总经理就凭我没有证书就否定我的能力，未免有些偏激。作为一名助理，注重的是口头表达，并非书面上的一些东西。"

外籍总经理听完小田的这段话后，先前严肃的表情已经被笑容取代了。他用中文对小田说："你说得很对，证书并不能说明什么，虽然你没有英语四级证书，但你是我接待过的应聘者中最出色的一个，欢迎你加入我们公司。"

许多人因为没有文凭、证书而失去了求职的信心，而使大好的就业机会与自己擦肩而过。其实，没有文凭或证书的求职者，同样具有就业的资格，只要有能力胜任应聘职位，就应该学习事例中的小田，大胆地向用人单位展示自己的能力。

当前，学历与证书只起到"敲门砖"的作用，能否成功就业，还要看个人能力的强弱。在求职过程中，出现了许多高分低能的人，这些人空有较高的学历、各项荣誉证书，但一旦投入到工作中，就显得心有余而力不足了。相反，许多求职者没有较高的学历，也没有任何证书，但却能凭借个人的实力，把工作干得井井有条。相信每个企业都不愿意花费重金，去聘请一个高分低能的人。相比之下，那些拥有实力的人更能赢得用人单位的青睐。

由此可见，学历、证书并不能完全说明一个人的实际能力与水平，企业在招聘员工时，也不会以学历高低、证书多寡来选拔人才。许多人会产生这样一种想法：既然学历、证书没有用处，为什么招聘单位还要求求职者出示学历证明或各种证书呢？

这里并不是吹捧学历无用论的说法，招聘单位之所以让求职者出示学历证明以及各种证书，目的是希望通过这些外在的东西，了解求职者受教育的情况。人们不能否认一个事实，一个受过高等教育的人，其综合素质要高于没有接受过高等教育的人。一个素质低、品行差的人，即使能力再强，相信招聘单位也不会聘用他。

机会稍纵即逝，当机会来临时，应该好好把握，不要被文凭、证书这些客观因素束缚手脚，否则，成功就业将与你无缘。

04
自信的眼神，是成功的第一步

就像士兵上战场打仗不能气势输人一样，面试也需要自信，因为自信满满的举手投足会成为你的加分项，给面试官留下好印象。因为只有相信自己，别人才能相信你，才能给你工作机会。

夏璇的经验可算是上乘之作，那是在一个周六，北京劳动文化宫组织的招聘会上。人头攒动，每个招聘台前都挤满了应聘者。

夏璇来得有些晚。看到这样的阵势，他不禁有些灰心。但转念又想，既来之，则安之，投几份简历吧。于是，他踮起脚努力地让视线穿过人群，看每个展台的招聘信息，看到合适的，也挤上前投简历，希望能与招聘官谈一谈。但应聘的人太多了，当他挤过人群站在主考官眼前时，他身上的每个毛孔表现出的都是"狼狈"二字，主考官当然没时间也没精力与他谈，甚至连看都不看他一眼，只讲："你放下简历吧，随后我们会与你联系。"

这样递交了两三份简历后，他从拥挤的人群中退出来。他歇息了一会儿，调整好心态，决定不再乱投简历，也不再与人群"肉搏"，要找准目标，一即击中。

他在一家展台前停了下来，那家公司在招聘行政助理，夏璇没有工作经验，对北京也不熟，他没有任何优势，有的只是对自己的了解与信任，相信自己能胜任这份文职工作，于是，他决定投出这份简历。

这家展台也一样挤满了应聘者，他定了定神，透过那些应聘者的头，将一份简历从空中递上去，朗声说道："您好，这是我的简历，请您过目。"不知是因为他的响亮的声音还是因为那横空而出的简历吸引了主考官,总之,主考官抬起了头,并朝他的方向看过来。由于距离甚远,无法与主考官交谈,他只是回望了主考官自信的一眼,就转身离开了展台。在转身的那一刹,夏璇感觉到了主考官那赞许的眼神。

在回家的路上,夏璇想:"这家公司肯定会通知我面试的,我对自己很有信心。我当时的表现,主考官已经留意到了,他会从上百份简历中注意看我的简历,他会通知我面试的。"

果然,他接到了面试通知,也如愿以偿地进入了这家公司。

后来,在一次闲聊中他知道了考官的想法:"当时,看你很有信心,在那些拥挤的人中,显得有些鹤立鸡群。"夏璇笑着说:"那是因为我个子太高了吧?"

虽然夏璇嘴上这么说,但他心里很清楚,他得到了这份工作,是因为在招聘会上的那份自信,那份因自信而散发的气质,给主考官留下非常深的第一印象,所以他才会得到面试及录用。

职业专家点评:"只有相信自己,别人才能相信你,才能给你机会。"这绝对是句至理名言。

如果你曾挤过大大小小的多场招聘会,而且每场招聘会下来,都有不少收获,那么请相信你最大的收获就是自信是你应聘最重的砝码。之所以这么讲,就是因为在拥挤的招聘会上那自信的一眼很可能就吸引了主考官,从而给了你面试的机会或者一份工作。

在招聘会上,应聘者很多,水平良莠不齐,主考官一时也不能断定谁优秀。即使留下简历,也不一定就能得到面试机会——简历只能代表自己的一部分,如果没有什么特殊经历或者较高技术水平,也难引起主考官注意。

要引起主考官的注意,往往是在招聘会上,你的某一举动或者神情,或者某一句话,给主考官留下了比较好的印象。所以自信在这里起很大作用,如果你有信心,你的言谈举止、你的眼神都会表现出你的与众不同,给主考官留下好印象,让他在你的简历上画个圈,你会得到面试通知的。

05
胆识决定成败

人人都渴望成功，人人羡慕成功，走向成功到底靠什么？有多少科学家在研究这个命题，人们从不同的角度作出了不同的解释：有人说成功靠恒心、靠天赋，有人说成功靠信念、靠机遇，有人说成功靠习惯、靠心态。投资理财师告诉你：是胆识！是胆识造就了古今中外名声显赫的成功者！剖析成功者的生命轨迹，考查他们取得事业成功的真谛，无可辩驳的事实证明：胆识才是事业成功的关键！敢拼才能赢，敢想敢干才能创造动感人生——胆识造就成功！

在去年3月的一场大型招聘会上，小张相中了一家广告公司，但对方只招聘营销人员，并要求是市场营销专业的本科毕业生，小张想，"死马"说不定能医成"活马"，是机会就该争取，决定试一试，于是凭着自己的"厚脸皮"和三寸不烂之舌，他为自己争取到了一次机会。

轮到小张面试时，他没有递上自己的简历，而是简单地自我介绍："我毕业于某高校，大学四年中，我一直担任年级组织部长，有过策划经验；精通计算机，又是系刊的主编，对设计、编排等都很熟悉；另外，我每年暑假都在外地一家广告设计公司打工。"招聘人员一听，对小张很感兴趣，便要求看小张的简历。

小张仍然没有递出自己的简历，只是询问："我发现贵公司要招聘市场营销专业的学生，我想知道，贵公司看中的是市场营销专业学生哪方面的特质？"

招聘人员告诉他，现在公司要扩大业务，需要能开拓市场的学生，他们认为市场营销专业的学生比较专业。

小张立刻声明:"我的开拓能力很强,大一接手系刊时,我寻找到许多可能合作的单位,并争取到一定的资金,将系刊撑了下来。"

看到招聘人员好奇的眼光,小张挑了一个自己得意的谈判案例,简单讲了一遍。直到招聘人员再次提出要看小张的简历时,他才告诉对方:"我们学校没有市场营销专业,我是学工商管理的,但市场营销课,我拿了90分。"

就这样,小张被顺利地录用了。

职业专家点评:他这招就叫作"死马"当"活马"医,找不到工作的人会使用这一招,找不到对口工作的人更需要这一招,这是一种勇气,或者说这是他们最好的选择。

06
善始善终才能赢得成功

我们在做一些事情的时候,不要因为希望渺茫半途而废、放弃坚持,要做一个善始善终的人,勇敢面对苦难和挑战,不向挫折低头,尽自己所能做好该做的事情,你可能就获得了自己想要的机会,从而走向非凡的人生。

张玉华向我叙述她老公最近找工作的事情,更是让我吃了一惊。

她说,半个月前,他在报纸上看到有家公司面向社会招聘营销人员的消息,心就动了起来。他下岗一年多了,一个大活人硬是找不着事做,自己着急不说,她也不时给他气受。

她老公于是就去了,那天回来有气无力地告诉她,砸了,笔试、面试总成绩排在第十八名,公司还通知他明天带100元钱参加体检,他已经不想再花冤枉钱,去当映衬红花的绿叶了。这家公司此次招录五名营销人员,符合报名条件的全部先参加笔试,后从高分到低分予以录用,条件不符的依次递补。她老公能闯两关考到第十八名,她认为他已经很不错了。要知道,竞争4个岗位的有近1000人呐!现在不肯参加体检也在情理之中,试想,参加考试的都是1978年以后出生的青年人,身体能有什么问题?笔试和面试成绩出来,名额也就确定了,往下的体检纯属走过场的形式主义而已了,况且还要交100元钱,这不明摆着宰人吗?

她怀着侥幸的心理劝她老公不妨去参加体检:"万一……你前面的人……"可他却听不进去:"做梦去吧?一个、两个人体检有点问题尚能说得通,四个人同时出现问题怎么可能呢?"

张玉华就告诉他："做事要有始有终，即使没有希望也要去，这是一种做事的态度和责任，怎么能有头无尾呢？"她老公也觉得此话有理，就照常过去，继续去体检。张玉华劝他道："100元报名费都交了，何必在乎这100元体检费？即使没用，查查身体也没什么坏处嘛。"

第二天中午下班未进家门，就听到电话一个劲地响。张玉华赶忙进来接听，是她老公打来的，他在那头喘着气、哑着嗓子，张玉华估计有什么好事了。果然，他被录用了！张玉华很惊诧地问："前面真有四个体检出了问题？"他大声说："不，不是，只有我们三个人参加体检！"

只有三个人参加体检？张玉华开始糊涂了，老公饶有兴趣地告诉张玉华："总经理看到前十八名的成绩相差在几分内，认为单凭这些成绩就断定谁优谁劣不妥，就与人事部商议，借体检机会再考查一下各个人的做事态度和心理承受情况，就通知前十八名都来体检，并都告知他们是第十八名，看还有几个人能善始善终，勇敢地面对几成定局的失败。最后只有三位'勇士'到场，公司连检也未检，就当场确定录用我们三个，好险呀！"

仔细想想公司的做法，确有道理：做营销人员，就是要善始善终，就是向失败挑战，在不可能中寻找商机，在夹缝中求生存。公司的做法，的确是智慧的。

职业专家点评：有很多事情未有定数之前就有希望，只要你尽力做好了，一切都还来得及。

07 我们不要专科生

求职不断失败，相信是很多人都有过的经历，屡次失败的求职，会打击你的信心。当所有的路都对你封死时，执着和坚韧将是你突破的利器，求职需要有坚强不屈的毅力，切勿轻言放弃。任何一个人，只要他坚强不屈、执着向上，他就一定可以实现自己的梦想。

李仪菲向我们讲述了她的故事，从中专、大专再到本科的求学路上，曾经两次求职，在经历了一番曲折变化甚至山穷水尽后，她幸运地找到了工作。回首求职路，她有两点感触：第一，当所有的路都对你封死时，执着和坚韧将是你突破的利器；第二，这个世界上没有失败，只有放弃。

["我们不要专科生"]

2002年，李仪菲19岁，计算机系大专毕业。作为女生，又是专科生，不大好找工作。6月份，某品牌电脑公司招一名文案，女性优先，计算机专业，李仪菲觉得专业还算对口，只是他们要求是本科生。凭着一种直觉，再加上平日常有一些文章见诸报端，李仪菲决定去试一试。

到了公司所在的某大厦，看到这里早已人山人海，环顾四周，应聘者多来自武大、华大等名校，李仪菲不禁有点心虚。面试她的是个年轻女士，对方迅速地扫了一下简历，冷冷地说："大专生，我们不要。"

李仪菲赶快补充道："我虽是大专生，但颇有文字功底，已发表了不少文章，也可以胜任这份工作。"但对方很快地回绝了李仪菲，理由很简单，专科生就是专科生。

[一线希望]

李仪菲不甘心就这样放弃。经过经理办公室时，她看见门是开着的，里面只坐着一个中年男子，心里一热，不知哪里来的勇气，走了进去。那个男子显得很惊奇，或许从来没有人这样闯进他的办公室吧。李仪菲也不管那么多，径直说起自己在学校里组织策划的工作、发表文章的情况等。或许是李仪菲的热情打动了他，终于，他说了一句话："把你的简历留下，明天再来看一下吧。"

经理的话给了她一线希望，但坏消息也接踵而至：第二天李仪菲赶到公司，头天的那位女士告诉她，公司昨天在近百名人员中挑定了一个武大的研究生，所以对她的聘用只能取消：李仪菲的心顿时跌到了谷底。

[她来了我就走]

经过经理办公室时，李仪菲还是决定向他道谢，说了几句致谢的话后，李仪菲怀着一丝隐约的希望问他："请问你们新招的研究生开始上班了吗？"总经理告诉李仪菲，因为那个研究生还有一些事没处理完，所以过些日子才能来。

李仪菲鼓起勇气对总经理说："既然她还没有来，让我先试试吧，她来了我就走。"或许是他们缺人，或许是李仪菲的执着打动了他，总经理让她先做一周，等那研究生来了再做交接。

这一周里，李仪菲兢兢业业做事，公司上下对她的印象颇佳。一周后，李仪菲正打算向总经理辞行，却意外接到人事部的聘用通知。原来，公司别的部门也有用人需要，经过经理提议，他们决定把她留下。至此，李仪菲的求职画上了一个句号，真可谓是一波三折。

职业专家点评：学历、门第、天分都不是求职时最重要的。任何一个人，只要他坚强不屈、执着向上，他就一定可以实现自己的梦想，即使有困难，也不能阻挡这种人的前程。

08
执着赢得成功

人生的辉煌来自正确的选择，选择了之后，接下来就是坚持和承受。人生是一条没有尽头的路，不要留恋逝去的梦，要把命运掌握在自己的手中，这样，艰难前行的人生途中，就会充满希望和成功！

那是两年前，一家广告公司招聘"企划文案"人员，要求有硕士学历、两年以上工作经验。由于当时失业近一个月，原本不符合条件的苏灵，迫于生存的压力，在看到招聘信息后便抱上一大叠应聘材料和证书前去应聘，但当她赶到这家公司时，所有应聘者的初试已经结束，任凭她好话说尽，接待人员仍委婉地把她打发了。前几次求职失败使她对自己能不能找到满意的工作失去了信心，剩下的只是生活的无奈与无助。从公司出来，望着公司的铜字标志在阳光下熠熠生辉，她的心里特别不是滋味，心想难道就这样放弃？她不停地问自己，心里真的慌了，一个堂堂的研究生就这样被一次次地挡在门外。

也不知道是什么原因，回到家后，她便四处查找资料，找到了这家公司老总的名字和电话，她很客气地打过去找那家公司的总经理。接电话的女秘书职业性地问她哪个单位的，找总经理有什么事……几经"纠缠"，或许因为她的执着，女秘书终于答应了她的请求。

总经理接过电话后，她直截了当地说自己是来应聘的，因错过时间没能赶上，但又非常自信可以胜任这份工作，所以希望能再给一次机会。对方愣了一下，然后说："你如果真的觉得自己能胜任这份工作就过来试试吧，直接找我们的人事主管。"

于是她第二次来到公司，人事主管亲自对她进行了面试，在自我介绍后，对方面有难色地说："对不起，你不符合我们的要求，我们的招聘条件不仅仅是有硕士学历，更重要的是要有两年的工作经验。"

听了委婉的拒绝，她并没有绝望。她笑道："我虽然没经验，但我在学校担任过学生会主席；大学时，勤工俭学做过日用品直销员、兼任过报刊特约记者；在广告公司实习时也从事文案工作，并取得了不错的成绩……我相信自己完全能胜任这一份工作。"说完她便递上精心设计的求职材料，"这是我的材料，您可以先看看。"

人事主管一言不发地看她的材料，过了好久，才合上材料，抬起头对她说："你的确很优秀，可是我们规定是要有实际经验的，真的很抱歉。"

这时她真的有些失望了，当她决定起身离去时，她还是鼓起勇气说："我相信你们要的是能做事的人才，我相信自己能做得来。"

面对她灼热的、恳求的目光，人事主管动摇了，说："你稍等一下。"随后走了。两分钟之后，人事主管告诉她："年轻人，就冲你这份勇气，你被公司录用了。"

职业专家点评：很多成功的人都是靠着自己的执着才有今天的成就，然后在今天的成就上靠着执着再上一层楼。只要执着，事情往往就成功了一半！无论遇到怎样的困境，都要把自信写在脸上，写在心里。前进的道路上，有时差的就是那自信的一步，前进一步便是不一样的人生。最后，谨以美国学者戴尔·卡耐基的一句话送给所有失落或成功的朋友：不要怕推销自己，只要你认为你有才华！我们相信在任何地方、任何时间，实力是第一位的，只要你有这样的能力，你就有本事把自己的能力发挥出来。不要说自己没那样的学历就没那样的水准，这个时代早已经不是那样的年代，你是水货都不打紧，只要你能做得很好。

经验仅仅只是代表一个人能做事，但并不能代表一个人真实的能力。规定是死的，但规定毕竟也是人定的，好的公司要的是能为公司谋利益的人才，而不是经验，好的公司这些东西有些是可以教你的。所以不要怕经验理论，有很多大学生找工作时，一般找的都是要求有工作经验的，但是他们真的有实际的经验吗？他们总体来说是没有的，但是他们的创造能力和学习能力是应该能看得出来的。

09 有超越意识才有工作状态

企业招聘者偏爱具有超越意识的应聘者，这一点毋庸置疑。求职者可将超越精神当作个人优势，展现在考官面前，势必会获得考官注意，对获取应征职位有很大帮助。

求职时，展现超越意识固然要小心谨慎，必须因情况、场合、时机的不同而慎重行事。

某市有一家知名的美国独资企业，要招聘一名优秀的销售人员，为了达到目的，该企业设置了严格的招聘要求，最终在众多的应聘者当中选拔出3位，由于招聘人数有限，企业决定让这3位被选者做最后的角逐。于是，通知他们进行最后一次复试。王强和其他两位应聘者接到复试通知后，都为了能获得这一职位而摩拳擦掌。

复试当天，3位应聘者都做好了充分准备，不料，负责复试的主考官并没像其他考官一样，出一些奇怪的测试题来检验他们的销售能力。而是让他们尾随他到11楼的总经理办公室取东西。3位应聘者虽然满腹疑惑，但又不好发问，只能听从考官吩咐，从6层一直爬到11层的总经理办公室。

由于楼梯很窄，主考官一个人慢悠悠地走在最前面，王强等人只能在后面悄悄地跟着。由于主考官挡在他们前面，想以平时的速度爬楼梯似乎是不可能的，因为没有人敢超过主考官，他们怕因为这一举动而丧失了好不容易争取来的机会，所以，都默不作声地跟在后面，即使有些着急也只能忍耐了。

从6楼到11楼，仅仅5层楼的距离，他们竟然走了十几分钟还未到达，主考官依然若无其事地慢悠悠地向上走，此时，性子比较急的王强不顾一切地超过了主考官，他不一会儿就爬到了11层。其他两位应聘者都觉得王强的行为很可笑，他们认为，王强的行为会令主考官感到不悦，这样他们就又少了一个竞争对手。正当他们为王强的冒失而暗自庆幸时，王强的问话打破了他们的幻想，王强对主考官说："对不起，我们似乎走错了，这里只不过是一个储藏室，根本没有什么总经理办公室。"

主考官用赞赏性的口气对王强说："小伙子你很有胆识，我们没有走错，我要的正是这样的效果。今天的复试到此结束，你们跟我到办公室来吧。"

其他两个应聘者向王强投去了惋惜的神情，而王强也为自己的举动感到后悔。回到6楼以后，主考官宣布了选拔结果，出乎意料的是，王强竟然被录取了，其他两个应聘者非常不解地看着主考官，但他们都没有将内心的疑问说出来。主考官看出了他们的心思，说："干销售这一行，需要具备超越意识，一味地循规蹈矩、墨守成规，是不能取得优秀的成绩的。如果公司录用一些没有进取心的人，何谈发展与壮大呢？"

王强这一步棋走得确实有些冒险，但正是因为他的这种超越精神才打败了其他两位竞争对手，也因此而敲开了该外资企业的大门。

一个人是否能在求职面试过程中占据一定的优势，在很大程度上，还要取决于他是否具备超越精神。站在用人单位的角度而言，超越精神是每一位求职者必须具备的良好品质，这对企业的发展能起到良好的推动作用。因为，一个具备超越意识的人，是不甘于墨守成规、按照规矩办事的，在他们身上可以发现一种"不稳定"的因素，也正是因为这一点，才激发了他们的创造精神。所以，每家企业都希望能聘用这样的员工。站在求职者的角度而言，如果具备了超越精神，势必会在面试中占据一定的优势，将自身的一些特色在主考官面前表现出来。这势必会为个人形象加分，赢得主考官的赞赏，从而给对方留下深刻的印象，这对获得职位有很大帮助。

其实，无论从事什么行业，超越意识、创新精神都是不可缺少的，不管是求职者还是正在工作的人们都应该了解此话的真正含义，并刻意培养自己的超越与创新精神，这对促进事业不断向前发展很有帮助。

第五章

积累经验，凭能力站稳脚跟

01 公司潜规则：适应才是硬道理

前几天小敏借上洗手间的时间，抽空吸了一支烟，并随手刷了牙出来，但是被不知被谁看见了，因而她会吸烟的事在公司内传开了。昨天小敏的上司把小敏叫到他的办公室谈话，劝她不要吸烟，要她注意影响，等等。当他劝小敏"要注意影响"的时候，他自己桌上的烟灰缸还没来得及倒掉。

尽管小敏嘴上表示接受批评，但在心里觉得非常可笑：在我们国家的法律法规或者公司的规章制度中，有哪一条规定只有男士可以吸烟而女士不可以吸烟？她认为这事简直不可思议。在同一公司，男士不仅可以公开吸烟，而且互相之间可以递来递去，公开支持或者怂恿吸烟，普通员工如此，连公司领导也是这样。既然如此，为什么女士吸烟就有人看不惯，进而被汇报、批评甚至开除？这是为维护女士的形象吗？如果是认为女士吸烟形象不太好的话，那她更要吸烟，因为像作家三毛、小说家杜拉斯、时装大师夏奈尔，她们都是女的，她们都吸烟，人们都认为她们吸烟更增添了女性的风采。

其实在这个问题上，女士可不可以吸烟并不重要，重要的是作为公司的员工，小敏你尊不尊重公司的"风俗习惯"或者"公司的潜规则"。尽管报纸、电视等舆论天天都在宣传吸烟有害，但在中国大部分地区，男士吸烟被认为很正常，就像在小敏的公司那样，男士吸烟不仅不需要躲躲闪闪，而且他们还会递来递去，相互支持怂恿。但是，无论在社会上还是在公司里，大多数人（自然也包括一些女士）看不惯女士吸烟。女士吸烟仍普遍会被看作"另类"，所谓"另类"就是不遵守潜规则，所以小敏被上司批评是很正常的。

的确,"女士不能吸烟",它既不是国家法律,也不算是公司的制度,作为一个公司员工,如果小敏执意要继续吸烟的话,估计小敏的上司也会"无可奈何",他既不能以违纪的名义扣发她的薪水,更不能以违法的名义炒她的鱿鱼。但是,"女士不能吸烟"作为一种风俗习惯,它是一种文化长期积淀的结果。如果在一个公司内部已经形成了这样一种"风俗习惯"的话,就说明它有一定的合理性。因此,它既不是某一个人定的,也不会因某一个人不习惯而改变。它虽然不像公司的规章制度写的那么明确,也没有那么大的强制性,但是它往往更受公司大多数员工尊重,如果你触犯它,它同样有可能让你碰得头破血流,吃比违反公司纪律更大的苦头。比如说,一个员工上班迟到几分钟,一般只有管考勤的人在意,其他同事可能不闻不问,但如果在一个大多数人看不惯女士吸烟的公司你吸烟,那就是一种不尊重公司的风俗习惯的表现,其他同事们"群起而攻之"则是很正常的。这种"群起而攻之",可能先是在你背后指指点点,跟着就是有关你的风言风语,接下来可能就是同事在工作中不再配合你,甚至暗中使绊,最终把你搞成"孤家寡人"。

当然,在"女士不能吸烟"这类风俗习惯里面,有明显的不平等和不公平,甚至还有许多像"男尊女卑""性别歧视"等封建味道极浓的丑陋东西。尽管如此,对于职场新人来说,如果你不能忍受这种风俗习惯而与它对着干的话,到头来你会发现自己的对抗是徒劳的。

当然,小敏完全可以用自己的实际行动去改变人们"看不惯女士吸烟"这类风俗习惯,然而问题并不这简单,因为对抗"女士不能吸烟"这类风俗习惯,实际上就是要改变人们头脑中一种根深蒂固的传统观念,做起来不知要花多大的代价。对于小敏这些职场新人来说,除了血气方刚,她们并没有多大能耐。事实证明,职场新人要对抗公司里一些明显不利于职场新人的风俗习惯,不仅是做不到的,而且往往是搬起石头砸自己的脚,自讨苦吃。因看不惯而与公司的风俗习惯对着干的,其结局几乎百分之百是"出师未捷身先死"，即使不跳槽，也把自己搞得灰头土脸的。因此，作为职场新人，至少在进入公司的前两年，你对这类风俗习惯是无能为力的。说公司的风俗习惯是对是错，都没有实际意义；对于公司的潜规则，适应才是硬道理。

02
职场中人的"第二种身份"

小王今年年初进了一家规模相当大的日资企业,之前她在美国的一家软件公司北京办事处上班。春天来了,她经受不住温暖的阳光和鸟语花香的诱惑,这天她穿了一条牛仔裤上班。但她一进办公室,她的日本上司眼睛里就显出了诧异。下班的时候,她的那个有些秃顶的上司提醒她"注意身份"。

小王进日本公司之前就知道,不同的企业文化对员工的穿着打扮有不同的要求,但她觉得把穿牛仔裤当成是不"注意身份",太小题大做了。她在原来的公司上班时,只要你能完成自己的本职工作,怎么打扮都行,如果一个男士天天西装革履,人家反而会认为他是个怪物!

小王不明白牛仔裤与"身份"之间有什么必然的联系,所以她又打算跳槽,到一家不那么严格的企业去上班。

牛仔裤与"身份"是一种什么关系呢?在回答这个问题之前,作为一个白领,你要弄清你有哪些身份。

当你由学生变成白领,从你上班的第一天起,你自然而然就具备了两种身份。你的第一种身份就是你的工作单位和职务,如"某某公司某某部门助理"或"某某公司销售部项目主管"等,也就是你名片上表明的那种身份;作为白领,你平时要与公司内外的人打交道,你在接人待物过程中表现出来的习惯和修养,就是你在职场的第二身份。

虽然你的第二种身份是无形的,但是,在职场上它往往会比你的第一种身份更受人关注,因为它反映出你的社会价值。比如,客户在与你打交道时,他自然会看重你的第一种身份，他要看你是什么职务，负责什么业务，拥有多大权力，这样他好决定采用什么方法和态度对待你；与此同时，他也会注意你的第二种身份，即看你说话有没有分寸，办事有没有原则，是否讲礼貌，是否守时重诺，等等，总而言之，他会注意你的个人习惯和修养。如果他认为你是个有能力但没有教养的人的话，他同样不会真正信任你，也不会做与你长期打交道的准备，更不会准备与你同舟共济，联合把事业做大。

现在很多职场新人往往只注意自己作为白领的第一种身份，由于不知道自己在职场有第二种身份，所以就不太注意维护自己的第二种身份的形象。为什么一些外企不喜欢不修边幅的男士和喜欢标新立异的前卫女士？并不是这种不修边幅和标新立异很"丑"，而是因为你的上司和同事，也包括你们公司的客人，看着你的打扮不习惯和不舒服，他们觉得你这种张扬的服饰是一种对别人的不尊重。特别是作为职场新人，你不尊重上司和前辈，那就是典型的没有教养的表现。其实，在职场上不管你是新人还是老人，你都得注意自己的第二种身份，因为对外你代表的是公司的形象，而在公司内部更容易得到其他同事的信赖。所以，进入职场后，职场新人一定要有第二种身份的职业意识。

白领注意自己的第二种身份，主要是平时在一些小事和细节上注意，如衣着打扮、个人卫生、言谈举止等。有些职场新人虽然在衣着打扮上非常注意自己的形象，尽量"标准化"，但在言谈举止上却非常"随便"，小的如随地吐痰、乱扔纸屑等，大的如上班迟到、轻诺不守时，等等，与学生时期一样，依然故我。一般来说，你的言谈举止比你的衣着打扮更能反映出你的修养和品德。

你有高学历，但学历并不代表修养！一些人在大学时养成的那种散漫、不注意小节等习气仍在起惯性作用。虽然一种习惯不是一时半会能改得了的，但你必须注意，随时提醒自己。

03 重视细小的规章制度

小文刚进这家外企不久。这天下午她有些犯困，于是到咖啡间用纸杯给自己冲了一杯咖啡，喝完之后，她把纸杯扔到垃圾桶里。她用纸杯冲咖啡的事被人看见了，于是，下班之前她的上司把她叫了过去，说喝咖啡的纸杯是专供客人使用的，公司员工喝咖啡只能自备杯子。如果她下次再用纸杯喝咖啡，就按规定罚款，从薪水里扣。从上司的办公室出来，小文实在不理解，就这么一个几分钱的小纸杯，为什么要这么小题大做？

的确，无论是个小纸杯，还是一张打印纸，都值不了几个钱，特别是对于那些财大气粗的跨国公司来说，连九牛一毛都算不上。但是，在这里它不是一个价值问题，而是一个事关公司规章制度的问题。

对于许多职场新人来说，不能说他们不关心所在公司的规章制度，但是，他们更关注的似乎是公司的工资福利和可用资源，如休假、奖金发放、出差标准及补贴、医疗保险，等等。应该说，作为工薪一族，你关注这些没错，而且是应当的，不过，作为一个职场新人，你光关注这方面的东西还不够，你还必须了解公司在劳动纪律、奖惩等方面的各种规章制度。其实，只要是具备一定管理水平的公司，在对新员工进行职前培训的时候，大都会全面地介绍公司的各种规章制度，只是一些职场新人对这方面的问题心不在焉罢了。

只要你进了大学，作为学生，你就属于"买方"，也就是说你交学费给学校买知识，所以，在学校你是相对非常自由的。正是由于这种"自由"的惯性作用，进入职场后，你并没有意识到自己人生角色的变化，不习惯完全按照公司的各种规章制度来要求自己，总是把公司的规章制度看得很轻，你工作起来可能很卖力气，但就是喜欢犯点这样或那样的小毛病，在各种小毛病当中，最常见的就是上班的时候迟到，而上班迟到，往往是纪律严明的公司最不能容忍的。如果说在学校缴学费你就是"买方"的话，那么，进入职场后，是你的老板给你发薪水，他就是"买方"，所以，他有权要求你遵守公司的各项规章制度，接受工作纪律的约束。

职场新人一定要尽快和全面地了解公司内部的各种规章制度，使自己尽量少犯错误，少出纰漏，特别是要改变大学时代那种什么都不在乎的马大哈作风。你最好从一开始就养成遵纪守章一丝不苟的职业习惯，这种职业习惯就像火车铁轨一样，它能保证你在自己的职业生涯中走在正确的轨道上。的确，为了养成好的习惯，你一开始会有受束缚的感觉，但一旦养成了正确的习惯，你就会受益无穷，甚至可以改变你自己的命运。

现在许多职场新人在违犯了公司的规章制度后，总是喜欢用"我不知道"或"我不是故意的"为自己开脱。作为初犯，公司可能会原谅你，但即便如此，你也给上司和同事留下了不良的印象；如果你老是对公司的规章制度视而不见的话，则有可能哪天你被公司炒了鱿鱼，你自己还蒙在鼓里。

在学校的时候，你可能会认为你的班主任是世界上最严厉的人，进入职场后，你的看法可能会出现180度的转变：世界上最慈祥的人就是自己当年的班主任老师！

04
"打杂"就是扎马步

前几天，小章去国贸的一家大型跨国公司应聘，没想到自己当场就被拒绝了（其他的人都是"等候通知"）。他对被拒绝也有心理准备，但是，对方拒绝他的理由却让他无法接受。

小章不仅毕业于名牌大学，而且在校园里也可以说是一个一呼百应的风云人物。"我毕业于某某理工大学电子工程系，在大学里，我是系学生会主席，曾组织过多次大型校内校外演艺活动，并利用假期时间，参加过许多社会公益活动，我认为，我有很强的组织能力和领导才能。"小章一上来就这么自我介绍，希望先声夺人，给对方留下一个强烈而又深刻的印象。

但面试官似乎毫无感觉，他语气淡淡地问小章："要是我安排你去我们昌平的工厂，先在机修车间干一段时间，你愿意吗？"

小章以为这只是考验他，便说："我不甘心做机修工，但我会努力去做，而且做到最好，直到你们觉得我可以胜任管理工作。"

面试官微微点头后对小章说："好，公司培训完后你就去昌平的工厂，先在机修车间干一段时间。"

小章没想到对方说到做到，真让自己去机修车间，于是他说："我觉得机修的工作不需要大学本科生去做，所以，让我做机修工，您不觉得这是人才浪费吗？我完全可以做比机修更重要的工作。"

"噢？"对方反问："在我们公司，每一份工作都重要。现在既然你这么说，就说明你的水平一定很高，那我问你，在我们公司现有的各类电子产品中，你对哪类产品的设计非常熟悉？"

"这……"小章无言以对，但他仍心有不甘。

见小章这样那人很客气地说："如果愿意的话，我欢迎你参加我们公司的下一次应聘。"

当你还没有完全迈出校门，你就发现自己在大学里的所有梦想都破灭了，这是多么残酷，但这就是现实！

小章犯的是一个职场新人的通病。你刚刚从象牙塔中走出来，以为自己是十年磨一剑，学识丰富和能力非凡，再加上相貌英俊年轻潇洒，便觉得自己绝对是一块当领导的料，因此，常常摆出一副指点江山的架势，因而总是希望得到一份富有挑战性的工作来发挥自己的专长，并证明自己的能力，从而尽快获得提升。但是，绝大部分企业的领导人是冷静和现实的，他们一般不会让你这种职场新人负责比较重要的工作，一开始多是让你打杂，因为道理很简单，刚出校门还不能算是个真正的"白领"。你有激情，有理想。你想干大事业，需要有高起点，这没错，但万丈高楼平地起，一个人只有激情和理想这还远远不够，所以，作为职场新人，让你坐坐冷板凳是正常的。

由于现实总是与理想存在着差距，所以，许多职场新人抱怨平时"吃的是杂粮，干的是杂活，做的是杂人"，因此很容易产生跳槽的想法。当你蜻蜓点水似地换过几次工作之后才发现，这样的问题几乎到哪里都存在。即使你没有跳槽，但当你正在牢骚满腹、怀才不遇的时候，一年两年就过去了；除了不再是"职场新人"，你一点也没改变，仍然在原地踏步，继续打杂，而与你一起来的可能早已青云直上，正是应了那句古诗，"沉舟侧畔千帆过，病树前头万木春"。

作为白领，你应该知道，公司是一种追求效益最大化的经济动物，它也必然会要求人才效益的最大化。因此，它既然把你招进来了，自然就对你有所期待，在给你安排工作的时候，它自然会考虑让你的能力得到最大限度的发挥，因而它对你的工作安排自然有它的考虑，有它的合理性；即使他们有眼无珠，那么，你也应做出点实际成果来让他们对你刮目相看。

因此，对于职场新人来说，前两三年打打杂是很正常的，这如同练功先要练"扎马步"一样，在这个阶段，公司实际上是让你进公司的"预科班"。因此，在"预科班"，你要有一种从零做起的心态，放下大学生的架子，虚心地向老同事请教，只有这样，你才能顺利从这个"预科班"结业。

即使你在学校门门功课都是一百分，你也得读这个"预科班"，因为你刚从学校出来，你的经验是白纸一张，这个时候，你可能连怎么接听客户的电话都还不会。如果你不服气，那你先给自己提几个问题，如果你是电子专业的，你问问自己，你可以任胜思科、北电、阿尔卡特、IMB、安捷能、华为等大公司的工程师的工作吗？如果你是学广告传媒专业的，你可以胜任奥美、精信、智威汤逊、盛世长城、灵智大洋等公司给你提供的岗位吗？或者你可以作为竞争对手与其全面抗衡吗？如果你的答案都不太肯定，那你就得收起你的野心，老老实实进这个预科班学习。

因此，作为职场新人，你要有多做一点和多学一点的心态，如多打打水、多扫扫地和多分分报纸，埋头多干一点，好高骛远少一点，这样，办公室里的老同事会觉得你孺子可教，而你有什么疑问，他们也会耐心地向你解释。这样，你就能尽快地从这个"预科班"结业。

05
辛勤劳动会被他人占有

小冯的外在条件不是很好，费了九牛二虎之力才进了现在这家外企。上班之前，老实忠厚的父母告诫她在公司工作一定要勤快，进了公司之后，她也是按父母的教导去做的，但是她现在发现，自己的勤快和低调，在一些同事的眼里却变成了无能。比如，前几天她对面桌的孟苇要小冯写份报告，这本来是孟苇自己分内的工作，但小冯一开始还以为是上面派给自己的任务，于是开了几天夜车，做出一份漂亮的报告，然后把报告交给了孟苇。孟苇接过后漫不经心地一瞟，说了句"知道了"，就没了下文。昨天，老板在公司例行会议上赞扬了孟苇的报告数据翔实之后，又赞扬了孟苇做事认真，说她一定下了不少功夫，收集了不少资料。当小冯看到自己的成果这样被人无耻地侵吞，肺都快气炸了。但这事小冯又说不清，也不愿给其他同事一个坏印象，所以她只能忍气吞声。但她在心里开始怀疑，现代职场是不是越来越看不起勤快而又老实的人，在现代职场上要想发展还需不需要勤快和老实？她觉得守着职场这样的老规矩去打拼，最终只能是使自己越来越累，也不见得能讨好所有的人，有些人不但不领你的情，反而还会对你说三道四。

应该承认，小冯的遭遇并不是个别现象，就像在学校老生经常欺侮新生一样，老员工欺侮勤快老实的职场新人也不鲜见。但是，是不是因为这一点就说明现代职场不需要"勤奋"了呢？

的确，白领在办公室上班，不是在砂石场采砂子，谁的力气大，谁的活干得越多，谁的贡献就越大。蓝领拼的是体力，而白领靠的是智商，但是，这种智商并不是让你去挑肥拣瘦和偷奸耍滑。

对于一个职场新人而言，你必须勤奋地工作，只百分之百地完成本职工作还不够，还应尽可能多做一点分外的工作，你才能给自己创造更多的机会。比如，在星期一早上，当其他同事不约而同地比平常来得晚一点，而且显得很疲惫的时候，你却早到了一会儿，先清洁整理一下办公室，或者打打开水扫扫地，再查查电子邮件，比别人提早进入工作状态，这样，你与同事比起来，精神显得特别愉快，慢慢地，你在上司的眼中就会变成一个积极工作、奋发向上的员工。

可是，为什么许多像小冯这样的员工，她们工作勤恳，任劳任怨，但在升职加薪的时候似乎总是轮不到她们呢？这是不是因为她们工作过于勤奋造成的？不是，勤奋工作本身没有错；如果说有失误，那失误就是这些勤奋工作的人只知道工作，不注意及时地与自己的上司和同事交流沟通。

在现代职场，只有勤奋并不能保证你一定成功。但是，在所有的成功人士之中，没有一个不是勤奋工作的。俗话说"勤奋是金"，要想在竞争激烈的现代职场中脱颖而出，你就必须付出比别人更多的汗水和努力，可以说，勤奋不是万能的，但没有勤奋是万万不能的！

06
职场公平只是一种理想

小谭费了九牛二虎之力才进了这家带"中国"字头的大公司。这公司虽说也是上市公司，但国有企业长期积累的一些习气仍在发生作用。这些天小谭他们十一楼的锅炉的热水器坏了，喝开水要到十五楼去打。这样，每天提热水壶上十五楼打开水自然成了小谭分内的事，谁让他在办公室资历最浅。这天上午，小谭先到外面办事，十一点多回到办公室，回来时大汗淋漓，他揭开热水壶盖一看，里面空空如也。他很生气，大声说从明天起轮流打开水，他不能一个人承包，结果没人响应。于是，第二天早晨上班后他也不打开水了。结果可想而知，当天中午他就被领导叫去训了一通，让他勤快一点。

这太不公平了！小谭心里想，他觉得自己再也不能这么夹着尾巴做人了，于是，他开始琢磨跳槽的事了。

应该说，这事对小谭的确不公平，但在职场上，可能永远也不会有"公平"出现。道理很简单，无论社会进步到什么程度，企业管理如何扁平化，企业永远是个金字塔；既然是金字塔，就必然会有上下级之分；既然有上下级之分，就必然会有不平等的现象存在。企业作为一台利润机器，与追求"公平"相比，它更喜欢"效率"。在一个公司内部，如果没有适当的等级制度和淘汰制度，它就会因为自己的"仁义"而失去竞争力，就会在竞争中遭到淘汰。因此，在现实生活之中，永远不会出现你在书本上看到的那种"公平"。

在大学里，似乎一切都是"绝对公平"，如果你觉得什么制度不合理，你觉得哪个老师上课有什么问题，你随时可以"公车上书"，你随时可以"上殿谏言",根本不用害怕什么;相反,在别人眼里,你是"有个性"和"有气魄",还有可能让你的老师对你另眼相看,把你当成人才。但是,进入职场之后,"人人平等"变成了下级和上级不可逾越的界限,"言论自由"变成了尽可能地服从。在这里,你先不要想办法施展自己的个性和魅力,而是要先学会适应。如果你动不动就对公司的制度提出质疑,或者动不动就"上书"一回,到头来往往是搬起石头砸自己的脚,最终能不能保住自己的饭碗都是个问题。可以说,作为职场新人,第一件事就是学会夹着尾巴做人,你只有经历这样一次精神上的蜕变,才能成为标准的职场人士。

对于职场上种种不公平现象,不管你喜不喜欢,你都必须接受这种现实,而且最好是主动地去适应这种现实。追求公平是人类的一种理想。但正因为它是一种理想而不是现实,所以作为职场新人,你除了适应别无选择。不管你在学校成绩多么优秀,才华多么横溢,当你离开学校进入了职场之后,你与其他人并没有什么两样,只是一个普通的职场新人而已。

职场上虽然不可能有真正的公平,但是,这种职场的不公平,也仅仅局限在办公室里。你职务的高低与你个人价值的高低并没有直接的关系,它仅仅是企业管理的需要,所以,你也不必把这种不公平的现象看得太重。

07
犯了错误怎么挽回

小李出门办事,上司催他快点回来,说部门要开会。可小李上了出租车后,出租车根本就跑不起来。上司让他四点之前回到办公室,结果快五点才进办公室。一进办公室,上司就朝他发火,质问他为什么这么晚才回来,影响大家开会;小李本来在出租车上已经憋了一肚子火了,现在上司不仅不体谅自己,反而朝自己发火,于是他气不打一处来,跟上司顶撞起来。听到吵架声,老板过来了,于是,刚进公司才几个月,小李就被大老板当众炒了鱿鱼!

小李的上司该不该体谅小李呢?也许他应该体谅一下小李,但是,如果小李一进门就说句"对不起",那会不会有另外一种结果呢?

说声"对不起",就海阔天空了。

说声"对不起",并不代表你真的犯了什么天大的错误,或者做了什么伤天害理的坏事,它只是一种软化剂,使你们双方都有后退的余地,为下一步的交流沟通创造条件。

对于职场新人来说,做错了事并不可怕,可怕的是死不认错。不管是不是有意,职场新人在工作中肯定会出现这样或那样的差错。出了错,马上道歉,这是一种做错事的消毒剂,可以消除双方的不愉快和尴尬。你只要说一句"我错了"或者"对不起"就可以化解对方心头的不满,让两人的心情豁然开朗,重新一起面对工作的挑战!

犯错之后,想极力掩饰这是人的本能,每个人都会有这种心态,但作为一个职场新人,你不能用"我没有经验"或"我不清楚"作为借口纵容自己。

勇于承担错误,是职场成功人士的前提之一,即使你犯的错误微不足道,如果你想逃避的话,它也会成为你的一块心病,让你不能从错误中吸取教训,从而阻碍你的成长。

如果你推卸责任,死要脸面,不肯承认自己的过失,反过来还要倒打一耙,千错万错都是别人的错,那么,你就等于把自己塞进了牛角尖。其实,在工作上谁都会有一些失误,对于职场新人来说,更是如此。问题的关键不在于你犯不犯错误,而在于你对待犯错误的态度。出了差错,如果你只会一味地抱怨别人,不肯从自己的身上找原因,那就会引起同事的不满,下次需要合作的时候,谁也不会愿意配合你。融洽的同事关系非常重要。如果你一旦被周围的同事孤立起来,找不到志同道合的合作伙伴,那么,你就离被炒鱿鱼的日子不远了。

一个优秀的职场人士会懂得在适当的时候承认错误,承担责任,这样他更容易赢得同事的同情、理解甚至尊敬。在职场中,拥有良好的人际关系是职场人士最大的财富之一,它能使你如鱼得水,左右逢源,永远立于不败之地。

因此,你不小心出差错后,最好的办法就是勇敢地认错。事实上,你的上司也不是圣人,他也会有出现失误的时候,所以,上司一般不会因为你犯个小错,就全盘改变对你的看法。当然,你光承认错误还不够,你还得提出具体的纠正错误的方法,这样你不但能让上司看到你的坦诚,同时也让上司看到了你处理问题、改正错误的能力。

你不小心出现了失误,没有必要过于计较。在现代职场上,无论你多么风光或多么倒霉,一天之后,它们便都会成为过去。你的风光或你的失意,只有你自己记得最清楚。如果你能够敞开胸怀,那么,它们就没有什么大不了的。快乐或失意,一天之后,都会成为往事。

08
"我有什么错"是最大的错

上午十一点钟左右，小朱的同事张琴不知为什么被上司叫过去训了一顿。回来时，张琴脸色阴沉很难看。路过小朱身边时，小朱关心地问了她一句："你没事吧？"

没想到，张琴像只狮子一样朝他怒吼："我有没有事关你什么事？你是不是想看我的笑话？"

小朱一脸莫名其妙，不知道张琴为什么朝自己发这么大的火："你为什么朝我发火，我有什么错？"

如果站在张琴的角度来考虑，你就能理解她为什么朝你发火：她刚受完上司的批评，自尊心受到打击，因而自尊心变得特别敏感；在这个时候，她需要的是一个人安静独处，自我恢复自尊心，而你这种在大庭广众之下的安慰，在她看来无异于一种当众嘲弄，所以，她会朝你发火。

如果要说小朱有什么错，那他最大错误就是他的"我有什么错"这种想法。每个人在与他人发生矛盾的时候，几乎都是本能地在采用这种方式思维。这种以自我为中心的方式，不仅挡住了你理解对方的通道，也剥夺了你自我的反省机会。因此，如果你想了解同事的行为为什么那么不可理喻，那你首先就得拆掉自己头脑中自以为是的这道篱笆。

在现代职场上，特别是一些职场新人，总觉得同事之间互相很难理解，这是为什么？就是因为你老犯"我有什么错"这种自以为是的毛病，不愿去认真地剖析和了解自己，所以，古人有"人贵有自知之明"这种感叹。

其实，你与同事交流时，互相之间就像两面镜子，别人对你的态度，实际就像镜子一样，反映出你自己的行为。如果你与人为善，对方也会真情回报；如果你别有用心，可能对方也会笑里藏刀。所以，当你觉得自己的同事行为不可理喻时，最好先低头看看自己在什么地方做得过分了。

大多数人习惯了以自我为中心，很少有人愿意去自我反省，不愿自我反省，你当然很难了解自己。要同事接受你的意见很简单，你先承认自己有缺点，而不是炫耀自己的优点；要同事接受你的方法也很简单，先体会同事的感受，而不是先保护你自己的感受。自己的优点和缺点的界限并不在你自己身上，而是在同事的心上。

尽管在现代职场中，同事之间的交流沟通不是件很容易的事，但是，你还必须得学会交流沟通，作为同事，大家都在一个办公室里工作，如果同事之间不能很好地交流沟通，那又怎么能相互配合协作？所以，对于职场新人来说，学会与同事交流沟通非常重要。

很多职场新人在刚进入公司的时候，一些老同事喜欢与他们闲聊，如问你家里有几个人，父母是做什么工作的，等等。一些职场新人对这种聊天模式非常反感，认为这纯粹是无聊，甚至怀疑对方是在窥探自己的隐私，别有用心，当然不排除有这种可能，但这种同事之间东家长西家短的闲聊，多是为了给办公室营造一种轻松的气氛，加强同事之间的相互了解。如果同事之间有了这种相互理解，就不容易发生误解，即使有了误解也容易消除，而不会发展成隔阂。同事之间在这种逐步了解的过程中，开始理解和接受对方思考问题的方式和价值观，这样不仅能大大减少猜疑和误解的出现，而且更容易形成工作中的默契，进而产生友谊。

同事之间由于看问题的角度不同，对工作中一些具体问题的看法出现分歧是正常的，但是，如果你能养成换位思考的习惯，那就不难理解对方。当然，如果你认为自己的看法是对的，要努力说服对方接受，但即便如此，你也只能以理服人，否则，就有可能伤害相互的关系。

不能否认，在职场中，每个职场人士心里都有自己的"小算盘"，但是，在一般情况下，大家不会为个人的"小算盘"而打错整个公司的"大算盘"，即为了个人利益而不惜损害公司的整体利益。既然大家进了同一个公司，就说明相互之间从能力到人品不会相差太远，因为能力和人品太差的员工迟早会被炒鱿鱼。但是，同事之间观念上和利益上的差异是存在的，所以，你也不能幻想办公室像游乐园那样，永远让你开心。但是，只要同事之间求大同存小异，彼此谦让和体谅，完全可以相处得很和睦。

09
不能把"情绪"带进办公室

小韩住在五棵松,每天都乘地铁到国贸上班。这天早晨地铁很挤,出了地铁后,她发现自己精致漂亮的小坤包被小偷用刀片划破了。虽然钱包和手机这些贵重物品没有被偷,但她的小坤包本身就价值不菲,那是她托朋友上个月从香港带回来的。由于自己心爱的坤包被划破,她心情很糟。她沉着脸进了办公室,刚坐下,她的一位同事就过来问她要资料,见同事站在自己身边唠唠叨叨,于是她没好气地说:"催什么催?等几分钟天会塌下来?!"她的同事只好悻悻地走开,走开之前白了她一眼:神经病!

小韩的心情可以理解。当你自己心情不好时,你不也希望别人能谅解自己吗?但是,别忘记了,你现在是在办公室里!一般来说,办公室的同事对于你的不幸遭遇,会保持一种无动于衷的态度,没有什么人愿意花时间来听你诉说不幸,即便是办公室里的铁哥儿们或铁姐儿们,也不知道如何恰到好处地关心你。他们只知道要尊重别人的隐私,怕自己问得太多会让你觉得反感,因为一般的人在遭受挫折或打击之后,都需要独自待一会,有自我恢复的时间和空间,如果这时有人在一边唠唠叨叨,会让你感到更加烦躁。然而,事实正好相反,你在遭到挫折或打击之后,对身边的同事会更依赖,比如,你觉得同事应该比以往任何时候都关心你,你的上司应该更加照顾你。所以,当你周围的同事无动于衷时,你就更加失望,在这种状况下,你当然很难全心全意地做好自己的工作。

办公室是上班的地方,无论是你的上司还是你的同事,他们都承受着工作的压力，被那些琐碎的工作搞得头昏脑胀，在这种情况下，你把个人情绪带到办公室，只能让你的上司和同事更加烦躁，只会让别人这么想：这个人怎么连自己这么点小事都处理不好，他还能办什么大事？公私不分，没有一点敬业精神，这人不可靠！

作为职场新人，你应习惯学会对自己的情绪负责，进了办公室，你只有公事公办，公司没有义务为你个人的问题付出代价。你不能把办公室的同事都当作你的朋友，这对你解决困难没有什么帮助。你的上司和同事可能会容忍你在一段时间内工作效率不高。但是，现实归现实，该做的工作你还是得做，而且你必须认真地去做，不管你的情绪如何糟糕，你必须完成自己的本职工作。

有些职场新人常常这样安慰自己："因为我是职场新人，工作做得差一点没关系，人家会原谅我的。"的确，上司和同事会原谅你，但你也给他们留下了一个该做的事不去做、缺乏责任感的印象。

作为职场新人，你必须有一个积极的心态。如果一天到晚你总是不停地抱怨，让情绪影响自己的工作，那么，你就离被炒鱿鱼的日子不远了。你要知道，在工作的时候，如果情绪低落，办事的效率肯定不高！如果你把"哎，我怎么这么倒霉，我的包今天早晨又被人刮了"这样的话题带到办公室来，并且把它当作自己偷懒的借口，那么，至少会让上司觉得你是一个不太稳重的人。

办公室是个很现实的地方，不是你痛说"革命家史"的场所，即使你的上司体恤下属，在上班的时候你也不要指望他会来安慰你！一般的上司不会关心下属的情绪如何，他只要效率，他只注重结果！如果你老是不能控制自己的情绪而影响工作，那么，上司就会认为你连自己的情绪都控制不了，肯定就不能胜任工作，结果就可想而知了。

工作就是工作，别把你的个人问题带到办公室来，因为那毕竟只是你的私事。不管是你的包被划破了，还是你被男朋友抛弃了，这些都和工作无关，只有当你的个人问题会影响你的工作时，比如，你头痛必须马上去医院，你才应该向上司汇报。

假如你是一个银行柜台里的营业员，你不仅要能快捷流利地为储户服务，而且还要给储户一个亲切热情的服务态度，否则他可能下次去别的银行办理业务去了。同样的道理，作为一个职场人士，你不仅要能配合同事的工作，而且还要有一种亲和力，让你的同事乐于跟你一起工作。所以，一个职场人士是否表现得称职，与他能否控制自己的情绪有很大关系。

作为职场新人，你在办公室要保持开朗活泼，在工作中积极主动热情。在职场中，与灰暗冰冷的气氛相比，大家都喜欢开朗活泼和乐观的气氛。当然，这种开朗活泼和乐观不是装出来的，它要能感染你周围的同事。作为职场新人，你应该是办公室欢乐气氛的制造者。

因此，当你情绪变得恶劣时，就必须约束自己，发挥自己的表演技巧。也许，你会觉得这种表演有些委屈自己，连自己真实的情绪都得抑制，这不是泯灭人性吗？你要装模作样地表演，这不是很虚伪吗？然而，当你一旦调整好情绪，全心全意地投入到工作中去，你就会发现自己的情绪自然地变好了。因此，你最终会明白，这就是工作的需要，这同样是自然和真实的。

有些职场新人常常抱怨："办公室的同事都那么差劲，我怎么能高兴起来！"其实，每个人的快乐都是自己的事，你为什么要把自己心中快乐的钥匙交给你的上司或同事保管呢？把自己心中快乐的钥匙交给你的上司或同事保管，就是让你的上司或同事来控制你的心情，让你的上司或同事控制你的快乐。

如果你容许你的上司或同事控制你的情绪，你就只有被动地抱怨与愤怒。你怪同事和上司："我心情不痛快，都是你们造成的，你们要为我负责！"于是，你就把这份责任推给了别人，要求他们给予你快乐，这样一来，你就无法控制自己，只能可怜地任人摆布。如果你变成了这个样子，那你只能让上司和同事讨厌。

你应该有能力保管好自己快乐的钥匙，你不要期待别人给予自己快乐，相反，你应该给别人送去快乐，你要情绪稳定，对自己负责，当你的同事或朋友与你在一起，他们会觉得是种享受，至少没有任何压力。

第六章

与上司相处
如何拿捏分寸

01
顶头上司可能不如你

小刘在中关村一家公司做销售。长期以来，他们公司一直想代理某跨国公司的产品，可对方从来没有把他们放在眼里，但情况最近发生了变化，由于小刘他们销售有方，业绩蒸蒸日上，使那家跨国公司改变了态度。一天上午，一个金发碧眼的老外突然来访。虽说在许多场合见过面，但小刘的上司马涛还是第一次与老外直接打交道。老外用英文直接自我介绍后，马涛用英文回答："I nice meet you too."老外一愣，没明白什么意思，好在老外的助理马上知道马涛说的是什么，于是说说笑笑把这种尴尬掩盖了。

"还当经理，读了四年本科，怎么连这种简单的英语都说不好！"小刘心里有些不屑，从此，他对自己的部门经理失去了敬意。

马涛的英语的确是有些烂，但英语很烂，就一定说明他作为销售部经理也不称职吗？

作为一个高科技企业的销售部经理，如果英语好，那当然很好，但是，像小刘他们这个部门，销售主要是面对国内客户，除了看资料，销售人员在日常工作中很少用到英语，所以，说一口流利的英语并不是做一个销售经理的必备条件。公司的销售业绩蒸蒸日上，让老外刮目相看，这就说明马涛作为部门销售经理完全是称职的。用马涛做销售部门的经理，这正是老板的聪明之处——用人所长！用人所长，就不会去计较其与本职工作无关的短处。

事实上，公司员工的年龄越大，他们的知识结构上的缺陷就越明显，比如，相当多的人就没有时间和精力去看报纸或上网看新闻，所以尽管他们在大型跨国公司工作，但如果你问他们"美国为什么要打伊拉克"这类问题，他们也并不一定能说得很清楚。当然，回答不出"美国为什么要打伊拉克？"这类问题，多少有损他们的个人形象，但对于追求效益最大化的公司老板来说，则无伤大雅。

像小刘这样缺乏谦虚的心态，在职场新人中并非个别现象。在他们看来，在现代职场中谦虚已经没有什么市场，甚至早就过时了。他们觉得现在的公司对新人都是"拔苗助长"，因为工作摆在那里，老板让你上，如果你说自己不行，那老板就请你走人，他另外换人，根本就没有时间和机会让你来"谦虚"。反过来说，不想当元帅的士兵就不是好士兵，在现代职场上，如果你不想当元帅，那么有可能你连士兵都当不上！因此，谦虚像中山装一样在他们身上越来越少见了。

刚刚走出校门的职场新人，他们往往把自己看得过高，瞧不起别人。其实，你刚进入社会，既不熟悉本行业的特点，更不了解自己公司各种复杂的人际关系，所以，你在学校学的东西再多，那也仅仅是理论，理论不与实践相结合，不总结出自己的经验，那你的理论充其量只能算半杯水。的确，与一些老员工相比，你无论是在知识结构，还是在价值观念上，都有许多优势，应该说这是你的长处，不过你必须加紧锻炼，努力工作，增加自己的经验，如果你的经验丰富了，就说明你也把另外半杯水加上了，这样，你才能算是一杯水。但你的知识不可能在一夜之间与具体工作内容完全结合起来，变成"能力"，所以，在你的实际工作能力没有形成之前，作为职场新人，在老同事面前，你就根本没有什么可以骄傲的资本。

在现代职场，没有多少人会看重你的知识，人们看中的是你用这些知识解决实际问题的能力。能用知识解决实际问题，那才是能力。现在有些公司新人老是抱怨，抱怨实际工作与所学的专业不一样，工作没法干，从而要求实际工作来配合他掌握的"先进"理论，其实这就是一种无知的表现。要了解你工作的实际情况，你就必须再学习。作为职场新人，虽然你在知识和观念上有一定的优势，但与老员工相比，无论在技能和经验还是综合判断能力上，都有相当的差距，因此，尽管你学历高、有天赋，你可以因此而自豪，但你没有理由不保持谦虚的态度，更没有理由显出高高在上的优越感。

确实，有些老员工把自己当年学的那些书本上的东西都忘得差不多了，但是，他们早已把自己的书本知识转化成了实际的经验和能力。相反，如果你不能把从学校学到的知识与公司现有的实际情况结合起来，就说明你消化不良，是半瓶子醋。因此，在工作中必须谦虚。只有谦虚，老同事们才会真诚地接纳你，在工作上给予你帮助和支持。谦虚不仅是工作的需要，也是尽快融入公司、进入老员工"社交俱乐部"的入场券。

世界上有两种人，当他们在观察半杯水时，一种人看到的是杯子里有一半是满的，而另一种人看到的则是杯子里有一半是空的。如果你聪明的话，应该是拿起别人半满的杯子，将那半杯水倒进自己半空的杯子——最好加到水溢出来为止。

当然，林子大了什么鸟都会有。你的谦虚，可能会让一些老员工觉得你无能，他们在你面前会显得更加傲慢，找到机会就挖苦讽刺你。即便如此，你也应该谦虚，只要你谦虚，那些再难打交道的人最终也会尊重和信任你。

02 上司要出错怎么办

沈明在这家外企工作快两年了，一直从事广告的文案工作。最近他们部门新来了一个上司，他对这个上司说不清到底是"恨"多一点还是"爱"多一点。说恨吧，是因为他这个新来的上司，原来在一家日资公司工作，所以他把日本人喜欢的那套等级管理制度，都带到沈明他们这个中美合资企业来了。这个上司恨不得所有的下属一见到他就要鞠躬，什么事都是由他说了算，什么事还得让他都知道；说爱吧，虽说这人很凶，甚至可以说不可一世，但他人品还不错，没有什么坏心眼，不像以前的那个上司，老是两面三刀，抢下属的业绩。最近沈明他们接了一项广告业务，他的上司为这个广告提出了一个很奇特的创意。沈明觉得他这个创意整体上不可能实施，但还是有可取之处，只要稍加变通就可以了。

要不要把自己的想法告诉自己的上司？虽然沈明从心里也想帮上司一把，让他早日站稳脚跟，但又怕他那种刚愎自用的脾气根本听不进自己的建议，自己讨个没趣。相反，如果让他碰碰钉子，这样他会收敛自己的傲气，学会尊重自己的下属。沈明犹豫了一阵后，决定任其自然，采取了隔岸观火、幸灾乐祸的态度。

作为公司职员，当你发现自己的上司在工作中出现差错的时候，采取这种幸灾乐祸的态度，应该说是一种缺乏职业素养的表现。

的确，在现代职场中，有很多上司都是武大郎开店，容不得下属比自己高，他们不喜欢下属对自己的想法说三道四，以为自己的下属给自己提建议或意见就是蔑视自己的权威，想取而代之。但是，不管这种上司是武大郎还是刘大郎，都会喜欢自己的下属工作积极主动，所以，作为下属，不是你可不可以给上司提建议或意见的问题，而是你以什么方式给上司提建议或意见的问题。所以，如果你注意自己提意见或建议的时间、地点和方式，你的上司肯定会接受。相反，如果你不分场合和时间，有一说一，有二说二，实话实说，直截了当，甚至锋芒毕露的话，那他自然会觉得你是要扫他的威信，因而很自然地把你的好心当成驴肝肺。

那么，作为下属，你应该以什么样的方式向上司提建议呢？对于一些职场新人来说，这里不仅有个习惯问题，而且还有一个方法问题。你给自己的上司提建议的方式，最好就像中午给他送个三明治那样。一般的三明治是上下两层皮夹着中间的肉，这就像提意见时，开头和结尾都是客气话，而客气话中间就是你要提的意见。一般来说，你在给上司提意见或建议之前，应先说几句好听的话，既表示自己的诚意和礼貌，又制造出一种轻松愉快的氛围，比如，沈明在给上司提建议之前，可以先对上司的广告创意中一些值得肯定的地方赞扬几句，说过好话，有了一种融洽的气氛之后，回到正题，委婉而又坚定地提出己方想法，可以把上司创意的不足之处以及自己的想法都完整而又清晰地说出来，最后，又回到起点，再说些客气话，比如，"这只是我的一些初步的想法，肯定也有不成熟的地方"等，表示自己的谦虚。作为下属，你没有蔑视上司权威的意思。这样，即使你的上司不接受你的意见，他也会接受你的诚意，对你刮目相看。

03
不要比你的上司更显眼

一个人的真正伟大之处就在于他能够认识到自己的渺小。

——保罗

很多刚刚步入职场的新人，由于急于表现自己的工作能力，在不该说话的时候说话、不该做主的时候做主，这样不但不会让上司承认你的工作能力，反而会让他觉得"这家伙什么事情都可以自己解决，还要我这个上司干吗"？细想一下，上司又怎么会对这样的人产生好感呢？更不要提什么信任了，上司更不可能把重要的工作交给这样的员工去完成。

在上司面前千万不要觉得"我不就是说了一句话吗，有什么关系"，殊不知，这里面的关系可大了。作为下属，不该说话时就是不能说话，除非上司问你对这件事情的意见，否则你就是有看法也不要脱口而出。如果那样的话，就会让上司觉得你根本不尊重他，你也会因为这样一句自己觉得无所谓的话，而把自己在上司心中的好印象给泯灭了。

或许你会觉得"我有更好的建议为什么不可以提"。当然，道理上来说，这并没有什么不妥。但是你如果当众反驳了你的上司，就是你的建议再好也会让你的上司难以接受，因为他会觉得你令他颜面扫地。如果你有比上司更好的想法，不妨在只有你们两个人的时候委婉地向上司提出，这样既证明了你的工作能力，又给足了上司面子，一举两得的事，你又何乐而不为呢？

张铭两年前应聘到一家事业单位从事建筑设计工作，在工作中他认真负责,可他很少与上司交流。

有一次,他利用双休日加班,将设计室主任已经拟定好的设计方案自作主张地做了修改,并且也没将主任原来的设计方案保存备份。

周一上班的时候,张铭直接把自己的设计方案提交给设计室主任,主任看到自己的设计方案被改得面目全非当然很生气,说:"谁给你的权利,让你来对它进行改动?"

可想而知,设计室主任狠狠地批评了他,为此同事们也只好陪着他加班赶制设计图。张铭却始终认为自己的设计要比主任的有创意,心中对主任很是不满,心想,我牺牲自己的休息时间把你不怎么好的设计方案重做了一下,你不但不说我好,反而如此责怪我。同事们为了他的自作主张而熬了一个通宵,对于这件事他没有向同事表示一点歉意,同事对他当然也心存意见。而且,张铭并没有认识到自己究竟错在哪里,面对上司的责骂、同事的不理解,张铭陷入了一团迷雾当中。

不久后,他便成了单位里的孤家寡人,连去食堂吃饭别人都不愿意和他坐在一个餐桌上,最后张铭只得辞职走人。

设计室主任的这句"谁给你的权利,让你来对它进行改动",已经充分显示出张铭在这件事的处理上没有把上司放在眼里。其实,张铭完全可以在做修改之前,先给设计室主任打个电话,和主任简单地沟通一下自己的想法。这样的话,即使设计方案原本是主任自己做的,如果他觉得张铭的想法确实比他的好,自然也会接受,主任也许还会直接对张铭说:"那就辛苦你了,把我原来的设计方案修改一下。"

如果你能在私下与上司沟通你的工作想法,上司不但会认为你工作认真负责,而且也会觉得你是一个为单位的整体利益着想的人,就会对你另眼相看。如果能做到这点,故事中的张铭也就不会让设计室主任下不来台,也就既能证明了自己的工作能力,也有可能赢得主任的好评,又岂会出现上面的状况?

本来是一件可以达到双赢效果的事，因为你不懂得从上司的角度思考问题，抢了上司的风头，使自己在上司甚至同事心中都留下了不好的印象。所以说，在职场中做事切忌在众人面前做得比上司更显眼，要让上司感觉到你对他的尊重与信任，上司也是人，又有哪个人喜欢自己当众被人弄得下不了台呢？

　　如果你处处做得比上司显眼，上司就会觉得你是在炫耀，这样的话恐怕不仅仅是上司对你的印象不好，而且你很快也就会被炒鱿鱼了。

　　某装饰公司来了个"海龟派"的李先生，担任策划部经理。

　　李先生自恃有洋学历，又获过国外设计大奖，就到处宣扬自己的才华，动不动还用英文训人，说别人的设计都是垃圾。李先生做得太显眼了，就是对待自己的顶头上司，很多时候他也不向他汇报自己的工作进度，这点让公司老总对他很不满。

　　凭心而论，他的设计确实有独到之处，可他那种咄咄逼人的气势让人很不舒服，就连公司老总都看不过去，只不过觉得他的确有过人之处，才勉强容忍他在公司待着。如果只看李先生的实力，他早就应该获得提升，可是好几次面临提升，老总都以他的设计"叫好不叫座""不符合当地实际"为由，没给他机会。

　　李先生也有种怀才不遇的感觉，终日闷闷不乐，脾气反倒更大了。

　　一个不懂得处世哲学的人，即使再有能力与才华，得不到大家的认同与支持，就如同战场上孤立无援的将领，也只能空怀一身绝技，孤掌难鸣，根本不可能有取得胜利的机会。一个说话、行事比上司更显眼的员工，即使再有工作能力，也不会得到上司的重用，因为那样的话，上司不但不可能喜欢你，而且一旦有了比你更合适的人选，他一定会将你清除出他的视线之外。想要成为一名优秀的员工，你就要时刻注意自己的一言一行，一定要提醒自己，不要比你的上司表现得更为显眼，得不到上司与同事认同的员工在职场上就没有立足之地。

　　在任何时候，一个处处压制别人、叽叽喳喳地把别人风头抢尽的人，是得不到周围人的欣赏与钦佩的。真正成熟的职场人，不会表现得比自己的上司更为显眼，更不会妄自尊大，用自己的长处和别人的短处相比，他会随时放低自己的姿态，谦虚地向上级和同事请教。只要拥有宽广的胸怀和平和的心态，再加上自己的才华，你就能在职场的激烈竞争中游刃有余。

小兵是公司的销售主管，在一次老板出差的时候，老板信任地拉着小兵的手说："这里的一切全交给你了，我最信赖你！"

在老板离开后的第三天，客户打来电话，反映同类产品现在开始促销，并咨询该公司的产品是否也有相关的优惠活动。小兵突然想起来，老板离开前他曾经申请过相关事情，也提交了相关报告，老板作了口头批示，但未做详细的布置和工作安排。本应向老板汇报请示的小兵耳边响起了老板临行前的重托，于是自作主张，实施了自己的促销方案。结果，把在外地扩大市场的老板弄得很被动。

当然，老板回公司不久，小兵就被炒了鱿鱼。

当老板有事离开而交给你工作任务时，老板通常都会这样对你讲"这里的一切全交给你了，我最信赖你"，但你要学会捕捉老板的"弦外之音"，不要把老板所说的一切都信以为真。"这里的一切全交给你了""我最信赖你"之类的话，很大程度上是对你工作积极性的勉励。切记，老板交给你的只是工作而已，而不是老板的位置和权利，千万不要不知深浅，做起事来比你的老板更为显眼，俨然把自己当成老板一样，自作主张、指点江山。最好的方式就是及时向老板汇报工作，请求指示，以电话的方式来扩大他的权威性，自作主张的结果往往都会费力不讨好。

作为下属，一定要承认自己与上司的地位差别，切不可有"他的工作能力不如我，只不过就是命比我好"的想法，这样想只会让你自己的职场生涯难上加难。你要明白，既然你的上司能身处领导的位置，必然有些地方是你所不能及的。

"小不忍则乱大谋"，作为下属，你的主要任务就是协助上司更好地完成工作,当你与上司关系出现问题的时候,一定要先检讨自己的过失,无论怎样,与上司建立良好的工作关系,对你的工作都是有百利而无一害的。

有些女性职场中人在穿着上比自己的女上司更显眼,而有些女上司在工作上就会像在鸡蛋里挑骨头一样地处处为难她,这时,很多女员工就会莫名其妙,觉得自己并没有在什么地方有什么不善之举。其实,这个问题很简单,你站在女上司的角度想一想,当你看到自己的下属比自己更加光彩夺目,你会怎么样?作为下属,特别是女员工面对女上司的时候,在穿着上应该要注意到这一点,你只要穿着干净、整洁、大方就好了,所谓年轻就是你的资本,何必要在着装上比你的女上司更显眼呢?

白雪在学校里就是出了名的校花,不但人长得漂亮,又很会穿衣服,走到哪里都是一道靓丽的风景。

参加工作之后,白雪的美貌不仅没有对她有所帮助,反而成了她最为担心的地方。好不容易在一个公司待上了3个月,她觉得这回应该不会像以前那样因为漂亮而惹出什么祸端了。

有一次,白雪的女上司去外面考察市场,就把工作交待给她完成,走之前还叮嘱她,如果总经理来了,立即打电话给她,并且告知总经理,她很快就会回来。

果然如她所料,总经理真的下来例行视察了。总经理来到白雪所在的部门时,立即被白雪的美貌所吸引,觉得她长得真是人如其名,很自然地就和白雪多聊了几句,问她"在这里工作习惯不习惯啊"之类关心的话。白雪受到总经理如此的问候倍感亲切,不过她也没忘记上司走之前的话,就向总经理说明了上司的去向,然而总经理说:"不用了,我就是下来四处看看,今天遇到你很高兴,以后要努力工作。"

这样,白雪也就没有给上司打电话,她还觉得自己的决策没有错,是总经理说不用的。可是等到上司回来得知总经理来过,就责问白雪为什么不打电话给她,白雪就把总经理的话重复了一遍,这时候,上司从自己的座位上站起来，说："你是他的下属还是我的下属？去财务部结清你的工资，明天就不用来上班了！"

白雪当时就傻在那里了，她真的不知道自己错在哪里。同样的事情又发生了，她又一次失去了工作。

下属的职责始终是服从上司的命令，像白雪这样上司走之前都千叮咛万嘱咐了，可白雪到头来还是自作主张了，当然就惹怒了上司。年轻漂亮本来是一种优势，但如果不能很好地利用，在职场中往往会变成你的劣势。也许白雪给上司打了电话，上司也有可能会责难于她，但绝对不会出现被炒鱿鱼的下场。

那句"你是他的下属还是我的下属"虽然只是句气话，但也不无几分道理。作为下属，一定要服从于自己的直接上级，你的成绩都是被直接上级所肯定的，总经理虽比自己的上司级别高，但总经理也是通过你的上司才能对你有所了解并肯定你的成绩才决定是否提升你的。

所以，在职场中做事切忌自作主张，不能处处做得比自己的上司更显眼，更不能把上司的话当作成耳旁风。

[友情提示]：

1. 作为员工，在不应该你说话的时候，切记不可随便发言，这样对你一点好处都没有，要等到上司问你意见的时候，才能说话。必要时，可以私下向上司说出自己的看法，这样就不会比上司更为显眼，还给足了上司面子，也能让上司对你有一个良好的印象。

2. 对于上司的方案，一定不要自作主张进行修改，就是感觉自己的比他的好上一千倍，也不可以，你必须要在得到上司认可的前提下，再下手修改。你别小看了这一句话、一个电话的事情，多问一句话，多打一个电话，你的收获上就会有截然不同的效果。

3. 作为下属，必须承认你和上司的地位差别。你的主要职责就是协助上司完成工作，而不是替上司做主。你替上司做主了，那上司的面子往哪里搁？在上司眼里你就比他显眼了，这样出力不讨好的事，千万做不得。

4. 当女下属遭遇女上司的时候，切记不要在着装上比上司更为显眼。年轻就是你最大的本钱，你还要做到服从上司的指示，做好自己的本职工作。

在严肃的场合，如开会、向上司汇报工作等情况下，一般都要关掉自己的手机。即使是日常的上班时间也最好把手机调成振动，不要让手机的声音影响到同事的工作。这是你作为职场中人最起码的工作素养的表现。

04
帮助上司就是在帮助你自己

在这样一个人才辈出的社会里，心怀大志的你可能会常常感慨自己怎么会在这么平庸的上司手下工作呢？于是你觉得这个工作简直就是委屈了你，然后你对工作就应付了事，希望哪天能够来个慧眼识珠的上司。但是，你知道吗？帮助上司就是帮助你自己。

［案例一：辅助平庸上司高升］

案例：王丽是国内著名大学广告系的高材生，毕业后进入了一家广告公司当文案职员，但她的上司却是个很一般的人，唯一的优点就是善于采纳下属的建议。王丽工作后发现许多同事都不服这个上司，觉得跟着这个上司没前途，都打着自己的小算盘想另谋高就，对工作只是应付了事。上司当然也感觉到了这一点，在会议上反复强调大家要团结一心。王丽想自己刚毕业，不要计较这么多，还是老老实实地工作，也算是给自己积累点经验，于是她对上司交给的任务都认真完成，还经常向上司请教相关问题，上司感觉到这个新来的职员特别勤奋好学，也特别用心教，并为她介绍了不少这方面的专家让她学习。

不久，王丽做的文案在竞标中大获全胜，公司特别表扬了她的上司。过后很多同事都劝王丽，说上司抢了她的功劳，但王丽觉得自己也学到了很多东西，还是不要计较这么多，仍然像往常那样勤奋工作，不久后她又有几个文案获得通过，公司上下对他们这个小组刮目相看，提拔了王丽的上司。很多同事为王丽叫不平，但王丽还是向上司表示了自己的祝贺。没想到上司升官后，推荐王丽接替他的位置。

点评：一般说来，如果一位上司因不称职或干不好工作而被解职，那么继承该职务的不大可能是其年轻、精明的副手。新上司通常总是从外部调进来，而且还会带来他自己熟悉的年轻有为的副手。

很多职员越觉得上司无能就越不好好工作，越不好好工作就越得不到提升，最后工作上没有进展，跳槽更是无望，最终吃亏的还是自己。而像王丽这样，做好自己的本职工作，帮助上司升迁，最终自己的工作能力得到提高，职位也得到升迁，何乐而不为呢？

所以，为一位上司好好工作是你事业成功的一把金钥匙。当他升职时，你就会作为他的接班人一起得到提升，因此要尽力帮助你的上司，别让他犯下足以影响他升迁机会的错误，否则最后影响的还是你。

[案例二：关键时刻充当"挡箭牌"]

案例：王宁的上司是个锐意进取、思维活跃的人，常常有些新奇的创意，因而颇受老总的信任。这次广告策划，他又别出心裁地选择了周末在市中心广场上举行"美女产品展示会"。一切准备就绪，不料活动当天狂风大作，气温骤降，游人寥寥无几，更谈不上观看表演了。

公司上层对这次活动非常不满，当着员工的面狠狠地批评了他的上司。他的上司低着头，大概也觉得这次活动搞得太差劲了。正当同事都在一旁默不作声时，王宁挺身而出，说明这次活动的创意来自上司，但是执行活动的却是自己，而自己在慌乱中疏忽了天气因素，导致了这次活动的失败。王宁表示，自己一定会吸取教训，尽快做出新的广告策划来弥补这次过失。公司上层一听这个，便不再责备他的上司，上司感激地看了王宁一眼。

不久，公司进行人事调整，他的上司如愿以偿地升到了副总的位置，而王宁受到了他的推荐，成为了新的广告部经理。

点评：如果没有这次王宁的挺身而出，恐怕他的上司的升迁就要受到不小的阻碍了。但是，可能大部分员工都没有勇气这样做，觉得凭什么要自己去承担上司犯下的错误呢？其实原因很简单，因为他是你的上司，保住了上司，也就保住了你自己，而帮助上司排除升迁途中的障碍，也就是帮助你排除升迁途中的障碍。"吃小亏占大便宜"，你帮上司挡了一箭，上司不仅会对你心存感激，更会从心底接纳你，把你当成自己人，以后有什么好事自然就落不下你了。

[案例三：填补上司的"空白"]

案例：王明是学财会出身的，而他的上司却是精通市场业务的。刚进公司的时候，上司对他不是很看重，而是重视那些学市场营销出身的下属。但王明并没有放弃，他首先向上司和同事虚心学习相关的市场知识，然后，在每次的项目决策上，王明都会从财会的角度对项目作出评价，帮助上司完善项目。

在王明的积极沟通下，上司渐渐看到了财会的重要性，当有一次王明利用财会知识帮助上司避免了一次重大的决策失误后，上司开始对王明另眼相看。不久就推荐王明到公司总部学习了一年，回来后，王明就成了上司的副手。

点评：有些人觉得自己和上司不对路，比如，上司喜欢系统有序地工作，而自己则擅长随机应变，在这种情况下，不少人会放弃和上司的配合，觉得自己英雄无用武之地。但事实上，人无完人，每个人都有自己知识、能力上的"空白"，这个空白对你而言，既是挑战，也是机遇。像王明这样，积极与上司沟通，填补上司不擅长的领域，最终既帮助了上司，也让上司看到了自己擅长的领域，获得了发展的空间。

05
听懂老板的弦外之音

下面这些话你一定会在某个时候听到老板对你或者对你的同事说过，可是你明白那些话语的真正含义吗？

1."这一切就交给你了""你办事，我放心"。

这两句话一般会在老板要离开公司几天的时候说，还拍拍你的肩膀，让你觉得自己责任重大，受到了重视。当然，这样想没错，可是这并不意味着你可以自作主张，不经他的允许就擅自下决定，即使这种决定有利于公司的发展也不可以。

徐文是报社广告部的经理，由于她人脉广，待人热情，广告部在她的领导下每年都超额完成报社交给的任务。社长不止一次笑呵呵地对她说："小徐啊，我最信任的就是你了，你办事，我放心。"

这几天社长要出差，到广告部的时候，社长就对她说："我出去几天，这里的一切就交给你了。"社长走后没两天，报社一个非常重要的广告客户打电话来说，和他们报社同类型的报纸现在都把广告费下调了20%，你们报社呢？小徐告诉他说要下调广告费需要经过社长的批准，但现在社长出差了。客户说："你们社长那么信任你，这你还做不了主啊？我在你们报社投了那么多广告，你们不下调，我可就换别家了。"小徐一想，关于资费的事情其实早和社长谈过，社长当时也有意下调，这是老客户了，社长应该也同意吧。于是小徐就把这个客户的广告费用下调了20%。

本以为社长回来后会赞许她的行为，没想到社长一听说这件事情就让她写检讨，并暂时中止了她的经理职位。小徐委屈地想，我这也是为公司好，我错在哪儿了？不是你说一切都交给我吗？

小徐错在哪里呢？错在她误解了社长的话。"这里的一切都交给你了""你办事我放心"这类话不过是对员工工作的一种肯定和鼓励而已，绝不等同于"你可以替我做决定"，而小徐还在客户面前替社长做了决定，是犯了双重错误，社长要她写检讨书也是正常的。

2．"我现在只信任你"。听到老板对你讲这句话，可不要心跳加快，大喜过望。看看阿明的遭遇就知道了。

阿明是刚进公司的新人，工作十分勤奋。有天晚上加班后碰到老板，老板对他说，我早就注意到你了，小伙子你工作很勤奋，好好干。自此以后，阿明就经常碰到老板，两人经常一起聊天。有天晚上他在加班的时候，老板过来了，对阿明倾吐了最近公司业绩下滑的烦恼，看着老板愁眉苦脸的样子，阿明说："老板，您有什么事情尽管吩咐我去做。"老板一听，高兴地拍了拍他的肩，说："我就知道我没有看错人，我现在只信任你了。"原来，老板要他给环保局打电话，告对手公司藏有大量污染物品。阿明一想，这不是诬告吗？可是一想老板这么信任自己，一咬牙，就打了电活。

打完电话后，对手公司果然受到了好几天的严查，但什么都没有查出来，对手公司要求环保局给出解释，环保局就通过电话查到了阿明，阿明就说是老板让他这么做的。没想到老板两手一摊，说："我不可能让我的属下做这样的事情，这完全是他自己的想法，如果我知道的话，我一定不会让他做的。"结果不言而喻，阿明承担了所有的责任，而公司也把他开除了。

看见了吗？阿明成了老板生意场上斗争的牺牲品。老板说"我现在只信任你"，一般是有求于你，要你做一些为难的事情，比如监督其他同事什么的，这时候你可要想好了，不要被他的话所迷惑了。

06 学会从上司的角度思考问题

立场不一样，看到的风景也不同，要不怎么说"横看成岭侧成峰"呢？上司和下属处在不同的位置，思考问题的角度，内容也不一样。想要获得上司的青睐，迅速进入管理层，学会从上司的角度思考问题是一个必要的步骤。

[案例一：明白你花的是谁的钱]

小文公司上上下下都对老板的吝啬颇有怨言，老板要求他们出去一会儿也要关闭电脑显示屏，打出租车不能打2块钱的，废纸要收集起来全部卖掉，领新的圆珠笔必须要拿旧的笔芯去换。员工们暗地里都叫他"葛朗台"，认为他自己天天酒楼餐厅、出入豪华汽车，怎么就不能对员工好一点？

可是，有一次小文中午休息时看到老板拿着榨菜就米饭吃，突然明白了，老板酒楼餐厅都是出于应酬的需要，而他对自己实际上非常节约，因为花的都是他的钱啊。对员工来说是很小的一点点，那么多员工加起来对老板就是一笔不小的开支。从那以后，小文再也不说老板吝啬的话了，并自觉地开始帮助老板节约用水、用电，等等。老板也发现了小文的变化，不久，小文就被提拔为秘书处的副手了。

分析：许多员工都会抱怨老板太吝啬。想想李嘉诚一个硬币掉在地上都要捡起来，你就会理解老板的吝啬了。对老板而言，他是生意人。要花一分钱买一分货，既然可以节省下来，为什么不呢？理解了这一点，你就不会有怨言了。事实上，由俭入奢易，由奢入俭难，养成节俭的好习惯，对你个人也无坏处。

[案例二：全局利益更重要]

自从老板宣布要把技术开发部的预算裁掉一半，将这些预算转给营销部以后，技术开发部门就炸开了锅，大家都向部门上司进言，让他去和老板理论，凭什么营销部就比技术开发部重要呢？上司却无所行动，大家气得抱怨怎么跟了一个这么软蛋的上司？

可是，王磊却没有什么怨言，因为他理解上司的心思：近几年来，公司的新产品开发层出不穷，但市场却一直没有打开，营销部门过弱是一个很重要的原因。老板早就想要增强营销部的力量了，今年刚开始的时候就一下子将营销部的力量扩大了一倍。凡事都需要钱，可是钱总是有限的，总是需要有部门作出牺牲，在这种情况下，自己部门的上司和老板一协商，就拿技术开发部门下手了。不过仔细想想，虽然技术开发部门的人越来越少，但老板也削减了这个部门今年1/3的工作量，当然就不需要那么多的钱了。

所以，当自己的同事都对营销部和上司报以敌意的时候，王磊却能够心平气和地配合上司与营销部沟通，开发出了广受市场欢迎的产品。结果不言而喻，上司很快被提升为副经理，而王磊被任命为新的部门负责人。

分析：作为下属往往看到的只有自己的利益、部门的利益，而作为上司需要看到的却是公司整体的利益、长远的利益，虽然自己的利益应该主动争取，但是短暂的牺牲对上司来说是常有的事情。看懂上司决定的缘由，你就能更好地配合上司的工作。

07 抓住与上司一起出差的好机会

一提起与上司一起出差，很多公司职员就会皱起眉头，连连摆手，觉得平时那么多同事，上司还老对自己有意见，现在竟然要让上司光盯着自己一个人，那还了得？但是，职业专家却要告诉你，由于没有同事的干扰，与上司出差是个难得的好机会：展示自己的才能，改变上司对你的看法，都在出差途中。

[机会一：展示自我能力]

案例：最近公司要到上海参加产品博览会，上司想从技术部带一个人去帮忙，但同事们都不愿意去，觉得就是累死累活地在那里站几天。最后，平时沉默寡言、不引人注目的技术员王明亮自告奋勇和上司一起去了。

当博览会开始后，上司发现这次有很多外国人参加，有好几个还在他们公司的展台前停留，似乎对他们的产品很感兴趣，上司既高兴又着急，对正在搬东西的王明亮说："早知道就把翻译叫来了，这可怎么办啊？"正说着，不想王明亮擦擦汗，走上前去，开始用一口流利的英语和老外交谈，生动地向他介绍公司的产品，在上司还张大嘴巴惊讶时，王明亮转过来对他说："张主任，这位先生想要购买咱们的产品。"几天下来，王明亮帮助上司做成了好几笔对外买卖，其中一笔数目还非同小可。回来后，上司由于此次参展成绩突出，受到了公司的表扬，而王明亮也得到了上司的推荐，开始有了更多展示自己的机会。

分析：如果你像王明亮一样，有着某项突出才能却苦于没有机会表现，那么出差是个好机会。在人才济济的公司里面，你拥有的某项才能很可能公司都有专门的人才来做，没有什么机会展现。但在出差途中，在缺少同事竞争的环境中，你的技能就会使上司对你刮目相看，把你和那些成天趴在电脑前的同事区分开来。

[机会二：闲聊之中见风采]

案例：王陵是公司里一个普通的秘书，由于秘书组的组长刚刚辞职，公司一时没有找到合适的人选，面对空缺的位置，秘书们相互之间展开了激烈的竞争。其中有些人就耍小手段，在领导面前说一些同事的坏话，被当事人知道后又引起了更多的纷争。王陵由于资历较浅，平时从不说别人的闲话，对别人说自己的闲话也是一笑置之，领导觉得她为人比较踏实，这次出差就让她陪同。

在飞机上，两人闲聊时，领导有意将话题引向了这段时间秘书组的纷争上，发现王陵的言论并没有仅仅停留在人品等问题上，而是一针见血地从人事制度、工作分配等多方面来看待这个问题，并提出了不少针对性的建议。同时，领导发现，虽然王陵的才学、能力都非常不错，但在言谈中她还是非常谦虚，对每个同事的优点都非常清楚，也从不说同事的闲话。几天的出差闲聊，领导对王陵大加赞赏。出差回来的人事调整上，王陵就被任命为新的秘书组组长。

分析：平时工作时，想要找机会和上司闲聊几乎是不太可能的事情，而出差就提供了一个和上司闲聊的好机会。这也是让上司从多方面了解你的好时机，因此，如果你对公司有什么较为深刻的看法、见地，都可以在这个旅途中说出来。同时需要注意的是，两个人闲聊，很容易就放松下来，开始说一些别人的闲话，不要以为上司对此不会在意，事实上，你的人格魅力就在这不经意间流露出来了。

[机会三：思前想后当好助手]

案例：和上司到广州出差前，小冰就和广州当地的同学联系，了解了当地的交通住宿状况，并定好宾馆。一下飞机，小冰就熟门熟路地做好了住宿、交通这些闲杂事情，并预订好回程机票，避免了后来高峰期订不到票的情况发生。短短几天，小冰不仅帮助上司完成了出差任务，还通过自己的调查和当地朋友提供的情况，整理出了一份非正式的当地消费市场调查报告交给上司，受到了上司的表扬。

在回去之前，小冰还陪同上司游览了广州的风景名胜区。由于小冰事前已经打探清楚，因此上司游玩得非常愉快，小冰还充当了业余导游，让上司见识到了自己的博学多才。

此次出差，小冰的细心、周到、良好的人缘、出色的办事效率以及才学都给上司留下了很好的印象，回来以后，上司常常说小冰是个好助手。同时小冰和上司也熟悉了起来，以后一有什么机会，上司都会首先推荐小冰。

分析：不要小看出差途中买票、订宾馆之类的小事，既然是和上司一起出差，就要做好"助手"角色，帮助上司处理好这些杂事。而且，由于身处异地，上司就只有你一个熟人，此时你办事的细心、周到就更能给上司留下深刻美好的印象。

一般说来，不管什么类型的上司都讨厌下属让自己丢面子，所以身为下属，就要搞清楚什么时候上司的面子容易受到伤害，然后尽量避免以下这几类情况发生。

[情况一：当场指出上司的以往失误]

周明最近十分郁闷，原因就是在最近的部门例会上，自己不小心提起了上司以往的失误：在讨论将营销工作重点放在中小城市还是大城市的时候，上司坚持认为发展中小城市比较有竞争力，而周天经过调查却认为中小城市目前还不具备相应的消费水平，争执不下之时，周天一时嘴快，脱口而出："上次华南市场失利不就是因为把战略重点放在中小城市吗？"话一出口，周天就万分后悔，由于那次失利上司还向公司管理层做了检讨。只见上司的脸色一下子就变了，憋了半天才说出话来："这个问题以后再说，今天的例会就先到这里。"

像周天这种做法是非常不明智的，就算是再开明的人，也只能够容忍别人当场指出自己现在的错误，但没有人可以受得了别人提起自己以前的错误。因为不管什么样的错误，都会像一道伤疤一样烙下来，虽然伤好了，但以后什么时候去揭那块疤，就什么时候感到刺痛。所有的人都希望别人忘记自己的错误，上司也一样，所以在和上司争论的时候，一定要就事论事，不要旧事重提。

[情况二：指出上司领导能力不强]

一般说来，上司可以容忍下属指出自己的个别错误，但如果这种错误被上升到能力问题，那么上司的面子就挂不住了。因为身为领导，最怕别人说自己没有领导能力，否则以后还怎么管理下属？何利最近就不小心踩了这个地雷。何利的上司是个十分注重听取下属意见的人，平时待下属也十分和蔼，对下属提出的问题一般也能够虚心接受。在这次例会中上司就询问大家对他最近的工作有什么意见，看着大家畅所欲言，上司微笑着点头的样子，何利也忍不住了，说："我认为您的领导方式不能够使我们充分发挥自己的能力，因为一个领导重要的是……"上司一开始还微笑地听着，后来脸色越来越难看，最后干脆就打断了何利的发言："你这么行，干脆你来当领导好了？"何利一听，知道完了，自己说过火了，果然后来上司再没给过他好脸色看，过了两天，就找了个借口把他调到另一个效益不好的部门去了。事实上，越是看起来没有领导架子的人越在心里对自己的领导方式自鸣得意，下属就往往被领导的这种表面现象所迷惑，以为真的能够畅所欲言，事实上一不小心就得罪了领导。

[情况三：背后说领导的坏话]

不要以为只要是胸怀大度的领导就可以容忍这种"小人"行为。实际上，再没有什么比这更丢他的面子了，因为不仅是你说的内容丢他的面子，你的行为本身也让他难堪——这些话不能够当面讲，这不正说明上司是个心胸狭隘的人吗？

所以，如果你确实心有怨言，不吐不快，与其对同事偷偷说，还不如直接对上司说，就算上司为了表现自己的大度，也不会对你这种光明正大的行为作出什么处罚。而如果你在背后嘀嘀咕咕，世界上没有不透风的墙，这些话早晚会传到上司的耳朵里，上司打着为公司除害的名义也会狠狠警告你一番。

[情况四：阳奉阴违]

现在，越来越多的老板意识到必须让员工有说话的权利，一个光会言听计从的员工并不是一个好员工，而一个能够独立思考、敢于指出老板决策失误的员工才是真正的好员工，毕竟"三个臭皮匠，顶个诸葛亮"。

但是，那种表面上对老板下的每个命令都"是是是"，背地里却阳奉阴违，从来不付诸实践的员工才是老板最痛恨的，也是最令老板没面子的。试想一下，老板这边还和客户夸口说，"我们保存了最完整的顾客档案"，那边员工却怎么都拿不出那个已经"整理了三个月的顾客档案"，老板该有多么尴尬。

08 把上司当老师

对一个普通的公司职员而言，想要更快迈上一个新台阶，就要不仅仅把上司当成一个管理者，更要把他作为自己的学习对象，把上司当成老师，从上司身上学习。

可能马上有人会说，我的上司看起来非常平庸，天天就是开会和批文件，要我当上司，我也会。这种心态非常不好，且不说"三人行，必有我师"，单是那些公司上层凭着那双阅人无数的眼睛，难道真看不出你的上司没本事？老师传道于有形，上司则传道于无形，想要从上司身上学到东西，就要有一双火眼金睛。

[案例一：专业技能不是全部]

小王到公司的产品开发部上班还没满3个月，就对自己的上司没什么好感——技术上什么也不懂，报个项目得跟他解释半天，连最基本的专业名词都需要费半天口舌，天天就是开会和应酬，"哼，肯定是靠着拍马屁才混来的。"小王不屑一顾地想。每次在部门例会上，上司都要长篇大论跟他们介绍一些流行事物，包括他在各种Party上的见闻，同事们对此十分反感："我们累死累活地替你干活，你倒玩得高兴，还要过来说给我们听？"小王一开始也十分讨厌上司的这种行为，我们搞技术开发的人懂这些干什么？肯定是上司不懂技术，所以才拿这些东西说事。

不料，有次小王陪女友逛街的时候，突然发现竞争对手的一项新产品设计理念很新奇，但又觉得很眼熟，仔细想了好久，才发现是把上司会上谈过的某项流行事物运用到了产品上。小王恍然大悟，明白了上司的苦心。自此以后，每次例会，他都认真听取上司的发言，有时候还做笔记，自己也经常自愿陪女友逛街，观察商场的新奇事物。不久以后，小王就由上司所说的事物激发出了灵感，设计出了新产品，获得了市场的热烈反应。

分析：干活的人和管干活的人不是一个概念，不是活干得好就可以管人了，而管人的人也不一定需要干好活。事实上，对一个管理人员来说，只需要具有全局眼光和一定的指导思想，以及管理好人才就可以了。对下属而言，上司站得高，看得远，往往具有一般下属想不到的理念和高度。所以，千万不要被上司"无能"的表面现象所迷惑，而要努力从上司的言行中看到更大的世界。

[案例二：上司晚走十分钟]

周廷发现了上司一个小习惯：每次下班后，他总是比别人晚走10分钟。同事们都说上司这样做是为了塑造一个勤劳的形象，笑话上司太做作。周廷也觉得很奇怪，留下来那么一会儿有什么用，再说了，部门工作虽然不是很轻松，但也不至于需要这样加班。

某天，周廷由于约了朋友吃晚饭，于是也留在办公室里消磨等待的时间。等同事一走，周廷立即感到不一样，下班前那种闹哄哄的状态消失了，内心一下子就变得沉静起来，而自己的思维似乎也异常清醒。周廷试着拿出一份明天要用的文件来看，一下子就发现了不少问题。随后，周廷又把明天要用的东西都整理了一下。做完这些事情，周廷舒了一口气，一看表，才过了10分钟！效率这么高！周廷突然明白了上司每天留下来那么一会儿的意义了。

第二天的工作周廷进行得异常顺利，心情也十分愉快。以后每次下班，周廷也开始留下来"10分钟"。

分析：很多事情说出来没什么，但要做到却不是件容易的事情。凭借自我奋斗爬到高层的人一般都具有一些不同常人的办事方式，有些虽然很细小，却是胜过他人的至尊法宝。如果你的上司也是这样的人，那么从现在开始，就认真观察上司的办事方式，看看他在什么地方与自己有那么一点不同，然后模仿他，学习他。

[案例三：没有人能随随便便成功]

钟岩到一家小IT公司当业务员，这家公司的管理人相互之间原本是朋友或同学，后来合伙开了这家公司。公司人员很少，除了他们那批人，就是钟岩等几个业务员了。一般说来，这种公司管理都比较松散，反正大家都很熟了，只要把各自的事情做完就可以了。但是钟岩的上司——业务部的经理却不这样想，他每天都按时上下班，哪天不小心迟到了就通知财务扣钱；每次有新的销售计划，都要先形成书面申请，经相关人员批准后才实施，虽然那些相关人员都反复告诉他不用这样认真，但他还是坚持这样做，并要求钟岩他们也这样做。钟岩他们叫苦不迭，觉得要是换个上司该多好。

没过两年，这个小公司就倒闭了，当时的这类小公司很多，倒闭也是正常事情。大家一下子就成了无业游民。可是没过几天，钟岩就听说上司已经被一家大型IT公司的业务部聘用为副经理，而这家公司曾与他们的小公司有业务来往，听那位老总说，当时在业务往来时，钟岩上司的办事态度就给他留下了深刻的印象。

分析：没有人可以随随便便成功，在每一分成功的背后，都有一些成功的品格在支撑：自律、守时、反省……想要成功，就先看看你的上司具有的品格是什么吧。

09
不要成为领导派系斗争的牺牲品

案例：小周毕业后进入了一家大型国有企业工作，他的上司李主管是一个很有能力的领导者，技术能力和管理水平都没话说，为人也相当和善可亲。在他的领导下，小周所在的部门团结一致，积极进取，年终以绝对的优势获得了总公司的褒奖。

按理说，这样一来，李主管具有了升职的绝对优势，不料另一个部门的王主管是总公司领导的亲属，虽然个人没有什么能力，但年后公司人事调整，副总反而成了他。李主管深知他的底细，心里非常不服气，在后来的工作中也常常不听他的指挥。这位新副总可能是心里有鬼，也不敢对李主管怎么样，但暗地里开始利用自己的权势拉拢李主管的下属，久而久之，就有不少人被收买了，军心开始动摇。小周十分着急，他想不能这样让李主管蒙在鼓里，就偷偷地暗示李主管有人开始"变心了"。不料隔墙有耳，很快就传到了副总那里，副总反而恶人先告状，光明正大地把李主管叫过去，语重心长地告诉他，正是小周有问题。李主管非常伤心，而小周百口难辩，只能被调到一个边缘部门了。

分析：公司上层的领导斗争是个非常复杂的过程，如果身为普通职员而卷入其中的话，那么很可能成为领导派系斗争的牺牲品。小周就是这样一个例子。

那么是不是不要太过正直，像小周的同事那样投靠更有权势的领导就能获得利益呢？这也是错误的，因为只要李主管以后不被扫地出门的话，两个领导之间的脸面肯定比几个手下重要，等这些人帮副总办完事情以后，副总到时候肯定会为了安抚李主管而牺牲这些人。而如果李主管被扫地出门了，那么这些人就更没有好果子吃了，哪个主管想面对一个对公司领导斗争一清二楚的下属呢？就因为你知道太多的内幕，所以就不能留你。

那么是不是就没有办法了呢？也不是，碰上领导派系斗争虽然很倒霉，但一定要首先做好自己的本职工作，尽量避开和领导单独相处的机会。如果领导开口了，你虽然不能义正辞严地明言拒绝，但也要坚决地表明自己的态度只是想要做好自己的工作。事实上，你越这样，领导反而越佩服你，以后也不会为难你了。

如果领导的派系斗争确实影响到工作的正常开展，那么你要反映问题的话，也是应该向公司高层反映，比如，小周就应该向总公司主管人事的部门反映。但这种方法不到万不得已不提倡，因为派系斗争看不见、摸不着，根本无从说起，顶多把你说的当事人叫来教育教育而已，而无论当事人斗争得再厉害，谁都不愿意让上头知道自己不工作而在搞这个，你因此就成了他们的眼中钉、肉中刺了。所以，一旦使出这一招，你就要做好卷铺盖的准备了。

10
绝口不谈与上司的私人关系

小豆大学一毕业，父亲就凭借着私人关系帮他进入了一家国有大型企业的企划部。企划部的主任是小豆父亲的八拜之交，所以小豆上班后，那位主任对他十分关心，叮嘱同事要好好帮助他；平时有什么展示才能的机会，主任也尽量让小豆上。同事们羡慕之余，都向小豆打听原因，看着同事们羡慕的眼光，小豆总是一脸得意地说："我爸跟咱主任是八拜之交，你说他能不对我好吗？"有时候和同事出去喝酒，几杯酒下肚，小豆就总忍不住说起父亲与主任的关系来。

在主任的关照和培养下，小豆成长很快，不少企划案都获得了公司上层的好评，而同事对小豆也十分殷勤，小豆觉得人生前途一片大好。

不料，才过了两年，主任就到了退休年龄，虽然主任一再大力推荐小豆，但公司还是觉得小豆太年轻，还不能担此重担，选拔了小豆的同事当了新的主任。

主任一走，小豆立刻感到了同事对他的态度变了，变得冷冰冰的，甚至有些嘲讽；而那位新主任则将小豆以往的成绩一概否定，部门里重要的任务都没有小豆参与的份，小豆只有干干打印、送材料这类杂事。不久之后，小豆实在受不了就辞职去了另一家公司。

分析：平心而论，小豆虽然是凭借着关系进入了公司，但是他取得的成绩中大部分是靠他自己的辛勤汗水得来的。但由于小豆的口无遮拦，落了个竹篮打水一场空。同事是工作伙伴，不是生活伴侣，你不可能要求他们像父母兄弟姐妹一样包容和体谅你。

事实上，在公司里有个上司罩着你是个非常难得的好机会，如果处理得好的话，你会比同事省去许多奋斗的时间，更快地获得成功。关键是，你要在同事面前对你和上司的私人关系绝口不提，更不要当成炫耀的资本，否则，一旦上司不能够再继续照顾你，那么你立刻就会被同事群起而攻之。如果同事对你和上司的关系感到好奇的话，你也应该表示自己也不是很清楚。

由于你和上司的私人关系，即使你绝口不提，同事也会有所感觉，所以你平时更要广结善缘，尽量多做一些事情，让同事觉得你获得上司的青睐也是应该的。

由这点出发，如下两项事务如果可能对你的工作会产生影响，那么也应该绝口不提：（1）对工作可能产生影响的家庭背景；（2）你的一些可能会影响到上司对你评价的与众不同的思想。

上司的命令不一致怎么办

小丽最近在公司碰到了一件为难事：最近公司打算搞一个周年庆典，要求企划部拿出一个庆典方案，企划部主任也就是小丽的上司要求小丽把方案重点放在对外宣传上，不巧这天小丽上班正好碰到副总，副总提到这件事情的时候，建议小丽把重点放在企业内部的活动上。拿着这两道矛盾的"令箭"，小丽真是左右为难，到底听谁的好，庆典资金又有限，不能够两头兼顾，怎么办呢？

分析：下属遇到上司意见不一致时，自己就像夹心饼干一样，左右为难，如果上司还因此起了冲突，那么这个下属就更有可能成为出气筒、牺牲品。因此碰到这种情况，下属不能自作主张，更不能认为应该听从级别较高的领导的意见，而是应该积极寻求沟通途径，力求让上司达成一致意见。

在沟通过程中，首先要注意不能够越级报告。像小丽这件事情，小丽就不能去告诉副总说主任的意见是什么，而应该先向企划部主任汇报副总的意思，当然口气要尽量委婉，旨在提醒上司，上级主管的意见有什么不同，然后请他出面去协调这件事情。其次，如果觉得自己人小微言轻，而事情非同小可，也可以请资历比较深、公信力较强的同事帮忙向上司说清楚这件事情。

在此过程中，还要注意不要到处抱怨这种状况给你带来的麻烦，因为这些话迟早会传到上司的耳朵里，导致上司对你的办事能力产生不信任。

12
我的能力比上司强

[案例一：虚心学习不越位]

王志明有过五年的国外工作经验，英语说得特别流利，又学习了一年的MBA课程。但由于家庭原因，不得不回国发展，进入了国内一家知名的中外合资企业。由于刚回国参加工作，领导考虑到他对国内的情况还不是很熟悉，就要求他先在基层锻炼3个月，在营销部做一名普通的员工。

他刚一来，营销部的主管非常重视，亲自去迎接他，并半开玩笑地对他说："你一来，我这个位置可坐不住了。"王志明也是这样想的，为了尽快让公司看到自己的能力，不论在什么会议上，王志明都锋芒毕露，并常常因此和上司发生争执。部门主管和公司领导暗示了他好几次，希望他能够虚心学习，但王志明还以为是自己的工作能力太过突出了，对领导的建议置之不理。3个月一到，领导委婉地对他说，我们这个地方太小了，容不下你。他觉得很委屈，我的能力你们看不见吗？

分析：王志明的失败是必然的，因为一个人的能力包括工作能力和人际交往能力。如果你自恃工作能力出色就不把上司放在眼里，那么没有一个伯乐敢留你，因为如果你对现在的上司不尊重，那么将来你的能力更上一层楼，同样也会瞧不起新的上司的，谁愿意给你当垫脚石呢？

所以，如果你像例子中的王志明一样，经过几年的历练，才学、能力都非常出色，却由于各种条件所限，不得不在一个比自己水平逊色的上司手下工作，应该怎样做才能够既发挥自己的能力，又不得罪上司呢？

首先要摆正心态，虚心学习。既然你找不到更好的地方发挥自己的能力，那么你就要摆正心态，虚心向你的上司学习。因为你的上司既然能够做到领导层，那么必然有他的优点。而人的能力总是不全面的，作为下属，就要抓住这个机会，找出上司的闪光点，努力向你的上司学习。比如，例子中的王志明，他对国内的情况就不是很了解，就应该好好向上司学习。这种态度也能够让上司器重你。

其次配合上司不越位。既然身为下属，虽然能力比上司强，但也要给上司留足面子，因为再开明的上司也无法容忍下属不把他放在眼里。所以在各种会议上、在和客户的会谈中，要配合上司为他的脸面争光，不要光顾自己出风头而做出越位表现。在这种情况下，上司就会欣赏你的能力，而不会处处防备你，等到时机成熟后，就有可能推荐你担任重要的职务。

[案例二：保护自己不受害]

周鑫从国外回国后，就加盟了一家民营企业。由于周鑫不仅专业能力强，管理水平也很不错，待同事也和气，短短几年就被提拔为总经理助理，为企业发展壮大作出了劳苦功高的贡献。总经理对他十分器重，多次对他说，"小伙子啊，公司以后就靠你了"。说得他心里美滋滋的，对公司的事务更加上心了。

在一次管理层会议上，总经理特地交代他做一份公司向外地拓展的计划书。半个月后，周鑫交出了一本厚厚的计划书，对外地市场进行了详细的考察。总经理大加赞赏，但随即对他说："小周啊，现在外地市场对我们公司的发展越来越重要了，谁去我都不放心，只有你去才能挑得起这个重担。我看要不就你去？你放心，公司这边给你提供一切保障，到那边后，房子、车子公司都给你配备，一切费用都由公司承担。"周鑫一听，一下明白了为什么去年和总经理谈起发展外地市场时，总经理还说现在市场变化很大，要先站稳了再说，三五年内先打牢基础，可是现在突然对发展外地市场这么感兴趣——总经理想要借此把他发配到外地去，防止他"功高盖主"，使员工分心。而总经理由此又落了个爱才的好名声，周鑫真是打落门牙往肚里咽，有苦说不出啊。

　　分析：如果你的能力已经强到最顶层的上司都没有办法掩盖你的风采，那么你就要小心"功高盖主"导致自己到头来竹篮打水一场空。一旦你也具有了像周鑫这样的能力，并做到了公司的高层，那么就应该寻找更大的发展空间，在老板还没有对你有戒心之前，利用自己的这些资历寻找别的发展途径。要知道，没有人会轻易地把自己"主子"的位置让出来。

13
与异性上司保持适当距离

在工作过程中，不免会碰到异性上司，虽然说在职场上要尽量忘记自己的性别，但是异性关系总是一个敏感话题，性别总会给工作带来一些影响。职业专家指出，与异性上司相处，保持合适距离是关键。

（1）不进入上司的私人生活。

刘小姐毕业后进入一家公司当经理助理，事实上就是经理秘书。为了尽快获得经理的赏识，刘小姐总是尽量帮助经理做好方方面面的事情。由于与经理接触的机会比较多，刘小姐渐渐也了解了经理的一些私事，因而有时候刘小姐也主动请缨帮助经理做些家务事，比如说，接送经理的小孩，帮经理购买一些私人用品等。渐渐地，公司里就有些经理与刘小姐的绯闻传出来。但刘小姐觉得身正不怕影子斜，肯定有些人嫉妒她才这样说。没承想，不久后这些绯闻传到了经理夫人那里，经理夫人打电话到办公室里找刘小姐，闹得公司上下传言纷纷，公司老总也婉言警告经理要注意个人生活。这下经理也不敢留下刘小姐了，找了个借口把她打发到了别的部门。

而韩小姐则选择了与刘小姐完全不同的做法。同样身为秘书，韩小姐也有很多机会知晓上司的私人事情，但韩小姐从不和上司谈论这些事情，就好像这些事情她完全不知道一样。同时，工作以外的事情韩小姐绝不参与，工作以外的时间她也尽量避免和上司接触。虽然经过几个月的工作联系，韩小姐和上司已经很熟悉了，但平时在各种场合，韩小姐都保持一个下属和上司应该保持的距离，说话也非常"职业"。韩小姐的这些做法收到了良好的效果，据同事说，韩小姐是唯一没有和总经理传出绯闻的秘书，也是目前在上司身边留得最久的秘书了。

很多刚参加工作的人都以为帮助上司处理一些家务事，是与上司联络感情的好方式。但这种想法绝不适用于和异性上司之间。异性关系本来就是敏感问题，本应该避之唯恐不及，更不能主动给别人留下话柄。所以如果你的工作性质需要与异性上司有比较多的接触，就更要分清楚工作和生活，搞清楚自己的职权范围。工作以外，尽量避免和上司有过于亲密的举动。否则，就算你实际上没有和上司发展出什么私人关系，你也会像刘小姐那样，成为流言的牺牲品。相反，韩小姐则是一个很好的榜样。事实上，上司都会喜欢这种踏踏实实做好自己的本职工作、不会惹事生非的人。

（2）在上司家属面前大方端庄。

虽然与上司的家属见面不多，但是在公司的宴会等一些场合还是有机会认识的。如果你引起对方的嫉妒心的话，那么虽然她和你的工作没有关系，但是很可能会给你带来不必要的麻烦。如果你预先知晓在某个场合会见到上司的家属，那么你的打扮就要尽量简单大方，不要标新立异，更不要性感毕露。同时，如果你与上司家属建立良好的关系的话，那么上司也不敢对你有什么非分之想了。

詹小姐就利用与上司家属的良好关系成功地拒绝了上司的骚扰。詹小姐年轻漂亮，工作能力又很强。聪明的她从上司的眼睛里看出了上司对她"有意思"，于是在公司的酒会上，詹小姐特地请人帮她引见了上司的太太。詹小姐的热情大方赢得了上司太太的认可，以后詹小姐和上司太太保持了良好的私人关系。当上司在下班后想要请詹小姐"一起吃饭"时，詹小姐总是说："您的太太有空吗？请她出来一起吃饭吧，我很久没有和她聊天了，也挺想念她的。"这种情况下，上司只好作罢了。

所以，在异性上司面前，保持与其家属的良好关系是拉开与上司的距离、保护自己的重要法宝。

第七章

与同事相处无小事

01
与同事多"同流"少"合污"

小孙进市场部不久,他就发现在这个十来个人的部门里,有一个三四个人的小圈子,这几个人干活相互之间特别默契,但对这个圈子外的人则多少有点不配合,有时甚至暗中使绊,部门经理有时也睁一只眼闭一只眼,而那个圈子的核心人物的无形影响似乎比经理还大。这些天,那个圈子里的马大姐中午有事没事跟他套近乎,昨天问他父母是做什么的,今天问他有没有女朋友,当她知道小孙现在还没有女朋友时,马上表示愿意为他当"红娘"。小孙知道马大姐是想拉自己"下水",成为他们那个圈子里的人,他有些犹豫。如果自己不进他们那个小圈子,今后自己在工作中也难免会遭到刁难。如果进入他们那个小圈子,自己又从心里厌恶这种拉帮结伙的行为。他有点不知所措。

其实,不仅在公司,即使在大学里,每个班里也有这么一些小圈子,如老乡之间有圈子,兴趣爱好相同的同学有圈子,长得帅的同学身边有圈子……虽然那种小圈子更加明显,但它们的作用远远没有这种职场小圈子大。

在现代职场中,几乎所有的公司都存在着两种组织形式。在一个公司内部,由上至下,有总经理、部长、部门经理和普通员工,这种组织形式像个金字塔形,它是有形的和正式的。对于绝大多数职场人士来说,他们承认这种组织形式的作用,似乎也只知道有这种组织形式,他们不知道或忽视了在这种组织形式之外,在自己公司内部还同时存在着另一种形式的组织,即像小孙所在部门由那几个人组成的无形的小圈子。这类小圈子虽是无形的和非正式的,但是,它对公司每个员工产生的影响,在某种程度上不亚于那种正式有形的组织。比如，你在办公室过于积极或过于落后，一些同事就会排斥你，在工作中给你制造障碍，逼得你与他们"同流合污"，你只能随大流，这就是那个非正式和无形的组织产生的作用。

人们常说关系网，也就是说人际关系像个渔网。是渔网就有经有纬，有纵有横，缺了哪方面都不行。如果把那种正式的有形的组织形式比作纵向的"经"的话，那么，这种非正式的无形的组织形式则是横向的"纬"。如果你在工作中，眼睛光盯着上司，只注意工作中上下级这种纵向的关系，而忽视与同事之间这种横向关系的话，那么，就很难搞好与同事之间的关系，如果与同事搞不好关系，你一样很难做好自己的工作。

也许你过去一直习惯生活在自己的世界里，当你进入职场，突然被推到一群陌生的同事当中时，你的确面临一个艰难的选择：是保持自己的个性，还是尽快融入另外一个陌生的环境？你可能会觉得与其跟一大帮无趣的人混在一起，还不如坚守自己的空间。于是，你坚持"三不原则"，即不和同事做朋友，不和同事说知心话，不和同事分享秘密。每天例行公事后，就埋头看书，与同事的关系越来越疏远，但是，你渐渐发现自己的工作越来越困难，虽然自己谁也没得罪，可一些负面评价老在左右陪伴自己。

因此，作为白领，不管你情愿不情愿，你必须与自己办公室的那些小圈子里的人"同流"，因为不管你看不看得惯，它们都存在，他们都会对你的工作产生影响。所以，即使看不惯同事之间的小圈子，你也得习惯与这种小圈子打交道，天长日久，敬而远之不是个办法。

对于职场新人来说，你必须随大流，但是，随大流也不是没有原则的，一是你不能对不是圈子里的同事采取排斥态度，真的"拉帮结伙"；二是如果这个圈子真的开始"结党营私"、谋取私利（如统一口径虚报加班费）的话，你就要与他们保持一定的距离。

02
职场不是角斗场

小娜因为长得漂亮，加上性格开朗，所以尽管进公司才几个月，但人气指数一路飙升，这自然让一些人嫉妒，于是，有关她的"绯闻"也开始流传。小娜的上司在她进公司半年前就离婚了，可这天中午在食堂她愣是听见有人说她就是那个"第三者"。她当时恨不得冲上去把那人的舌头扯下来，但她还是忍住了，她只是走过去，笑着请那个正在编故事的同事下班后一起去喝咖啡。

毫无疑问，在职场上，不管是直接的还是间接的，同事之间长时间在一个办公室上班，肯定会因为加薪晋职等原因产生不愉快，也容易因为各自坚持自己的立场而发生矛盾。同事之间出现矛盾是正常的，因此，问题的关键是你如何化解矛盾。既然大家都在一个公司甚至在一个办公室上班，就说明彼此的利益在很大程度上是一致的，所以，同事之间的矛盾并不是一种你死我活的"零和游戏"，完全可以通过沟通来解决。

在一个职业人士的眼里，职场是一个合作的舞台，而不是角斗场，因为职场给了每一个人足够的发展空间，你没有必要跟别人一起挤到一个牛角尖里面去，来拼个你死我活。

也许是一些人从小参加各种比赛和考试，因而养成了一种你赢我输或你死我活的竞争心态。如果同事之间的关系真是你死我活，那又有谁甘心在竞争中认输呢？一个职业白领应具有正直、成熟和富足的心态，不仅忠于自己的自尊，同时又能以豁达体谅的心态看待自己的同事。当然，这种利人利己观念的形成是以诚信、成熟、豁达的品格为基础的。

无论同事是无聊还是别有用心，把火烧到你身上时，如果你心上像棵含羞草一样，马上闭叶垂株，不仅不应战，反而心平气和，报以微笑，予以宽容的话，那对方会自然地自我收敛；但当对方感到索然无趣，自说自话时，你的心像含羞草再重伸枝条，张开叶片；到这个时候，如果双方可以沟通，再摇曳多姿，娓娓交谈；如果对方是别有用心，则加以沟通，如果对方纯粹是无聊，则一笑了之，让对方自讨没趣。

你在自己心中养这么一盆含羞草，既是一种涵养的表现，又是一种职场生存策略。在大庭广众之中，如果你与同事大吵一架，你又能得到什么呢？当然，你可以把自己心里的恶气出了，气当然要出，但难道一定要像个泼妇一样破口大骂才能出气吗？如果这么出气你就要付出代价，为什么你一定要为这种无聊的事付出无谓的代价呢？

在职场上，如果你事事随着性子来，自己的理智老是被情绪所左右，那么，你得到的结果往往是搬起石头砸自己的脚。所以，如果你与自己的同事出现冲突，对方发起挑衅时，你能及时收敛退让，不做无谓的争吵，那么，双方就能最终沟通，真正解决问题。这种退让并不是懦弱，只是一种谦卑。谦卑的力量，不在于形体的大小、气势的强弱，而是用柔弱的姿态包裹坚实的信念，它是一种既懂得保护自己又不使对方受伤的厚道，在成就自己的同时不忘成全别人。宽容是甘露，它能化干戈为玉帛，如果你对同事多一些宽容和理解，那么，你与同事的关系也就不会那么难处了。谦让和豁达的人总能赢得更多的朋友，相反，得理不饶人的人最终会走到孤立无援的地步。

03
为什么好心总被当作"驴肝肺"

麦克到公司不久，上司还没有交给他什么具体业务，所以，他显得有些清闲。这天，他见自己旁边座位的爱玛因事情太多，没有及时上交市场调研报告，被上司批评，就说帮帮她，没想到对方一下子把脸拉长了，问麦克是不是想怜悯她或嘲笑她，甚至想抢她的饭碗……

麦克一下子被弄懵了，他不明白自己的好心为什么总被人当成了驴肝肺？

问题出在哪里？问题就在于你说话时往往只注意自己的"好意"，而没有注意接受你"好意"的人将会产生什么感受。像麦克这样，当你问爱玛需不需要帮忙时，尽管你好心好意想减轻爱玛的压力，但你没有注意问对方的时间和地点。殊不知，爱玛刚刚挨过上司的批评，自尊心受到了伤害，所以，在这种自尊心没有恢复正常的状态下她就变得非常敏感，容易将别人的帮忙当作怜悯甚至别有用心，所以她不仅感受不到麦克的好意，反而把麦克的好意误解了。

你在与同事交流时，你的语言也在无意之间反映了你的情绪和情感。对于你无意或有意流露出来的情绪或情感，对方必然会做出相应的反应，这也就是说，你说的每句话，都在有意和无意之间调节着双方的关系，而这一点在职场表现得更为明显。人们常说职场人际关系复杂，而之所以复杂，在很大程度上，是由于你与同事在相互交流时，说话随便或不小心积累起来的。所以，作为职场新人，尽管你大学毕业，你也得重新学习说话。一些人总是说自己的上司或同事说话啰嗦或枯燥乏味，但是在指责别人之前，你想没想过自己说的话别人是否明白，自己是否努力让别人明白你自己的意思呢？

为了与同事建立和谐自然的人际关系，作为职场新人，你应该从平时的说话做起，比如，作为职场新人，你早晨上班时对同事说声"早上好"，下班时说声"再见"，这么简单的两句话，对于你自己来说，可能没有多大意义，但对你的同事来说感受则大不相同，他们能感受到你的教养和工作热情，因而他们愿意在各方面给你更多的帮助和支持。

当你的同事在与你交流沟通时，无论你回答什么，对方更在乎你对他的态度和反应。比如，中午同事见你正忙于加班，抽不开身下楼打饭，想帮你带份饭，便问你想吃什么，你说了句"随便"。从你的本意来说，你是不想太麻烦对方了，但你这个"随便"，加上你说话的表情和声调，有可能让对方感到的就是你"漠不关心的态度"，因而他下次再也不愿帮助你了。

有许多职场新人在与别人交流之后，自己的意思不仅不被理解，有时反而被人家误会，于是常常怪别人"小心眼"，其实，这往往是你只顾表达自己的想法造成的。即使你说话没有恶意，完全是一片好心，你也一样要顾及对方听到后的感受。

04
最难应付的是人不是事

上班没几天，作为文秘，小谢就觉得老板的办公室的家具位置摆得不合适，因为只要人一多点，就把老板的办公室弄得乱七八糟，所以她建议在老板的办公室添一个大一点的茶几，在进门的左手边布置成一个小会议室似的，供三四个人讨论问题时用。她把这个想法对自己的师傅说了，但她的师傅当时就说她"不切实际，想法幼稚"。既然这样，小谢也就不便多说什么。让她没想到的是她跟师傅说的第三天，老板在一个会上表扬了她的"师傅"，说她工作主动，很有创意。原来她的师傅把她的想法说成了是自己的想法，将功劳往自己身上揽，做法相当高明。

小谢心灰意懒，觉得这种人际关系太复杂、太可怕了。于是，她决定考研，争取将来出国。

小谢想出国的愿望可能会实现，但想逃避职场复杂的人际关系这种想法是不现实的。

职场是什么？通俗点说，职场就是很多人聚集在一起工作的场所。既然是一个很多人在一起工作的地方，自然就会有人际关系，而且，职场的人越多，职场的人际关系也就会越复杂。

对于职场新人来说，你之所以觉得人际关系复杂，可能是你习惯拿大学做参照物来进行比较。与学生时代不同，在职场上，同事之间有年龄、职务、教育、收入等方面的差异，所以无论是在价值观还是个人利益上，多少会存在矛盾和冲突。在学校时，如果你看不惯哪个同学的为人或讨厌他的性格，你可以一个星期甚至一个学期都不跟他说一句话，但是在职场，哪怕你们相互之间有深仇大恨，但你们还得每天桌子挨桌子上班，工作上还得互相配合。而且，不管你喜欢不喜欢，作为职场新人，你还得老老实实听从他们的指挥，为了能得到他们的指教和提携，见了他们，你还得笑脸相迎，装出非常谦逊的样子。

有些职场新人总是这样认为，只要把自己的本职工作做好就行了，不想掺和其他的人际关系。这种想法虽然好，但不现实。职场重视团队合作，你必须将自己当作这个团队中的"团队队员"：既然是这个团队中的一员，那你与同事之间的各种复杂关系自然就形成了。因此，你得有心理准备，职场中最难应付的是人不是事。提高自己处理人际关系的能力，是你在职场中取得成功的必修课。

可以说，现在的职场新人与人打交道的能力一般都比较弱，因为从上幼儿园到大学毕业，你几乎没接触过现实的社会，再加上当前的社会本身正处于从无序走向有序的过程中，无论制度规则，还是道德伦理，都显得比较复杂和混乱，所以，你进入职场后，感到迷惘困惑，不知道如何应付职场上形形色色的人际关系很正常。然而，不管怎么逃避，你最终还是要进入职场，而且，你只有在职场取得成功，才能最终实现你人生的价值。

现在许多新人喜欢跳槽，而跳槽的主要原因就是与同事合不来，没办法处理好自己的人际关系。如果在一个企业内部，人际关系都非常紧张，那当然说明它管理方面存在问题，但是，对于你自己来说，单纯采用"跳槽"的办法，来逃避复杂的人际关系，究竟能有多大作用呢？人挪活，树挪死，这话不错，但一味地跳槽，它会让你失去了许多机会，你计算过跳槽的成本吗？跳过之后，你就没有复杂的人际关系了吗？因此，跳槽毕竟只是一种消极的逃避方式，你只能反省自己，找出症结，尽快提高自己处理人际关系的能力。

能熟练地处理人际关系是一种素质，也是一种能力。特别是对于职场新人来说，你应把学会处理好人际关系看作工作的一部分，良好的人际关系，不仅能给你带来工作效率和愉快的心情，也能给你的同事带来愉快和效率。

人际关系，就像自然界的气候一样，的确是复杂和多变的，但它也是有章可循的；人们现在已经完全适应自然界的四季更替了，同样，在处理人际关系过程中，只要你了解其中的奥秘，一样可以春播秋收、夏耕冬贮。

办公室的人看起来似乎很多，人际关系也非常复杂。但是，如果你仔细地分析一下，你就会发现，真正与你有直接利害关系、能够真正影响你前途发展的人也就只有那么几个。所以，你只要处理好与这几个人的关系，那你的人际关系也就相对简单了。

05 职场友情需要"经营"

过几天就是小诗的生日了，作为同学和同事，小乐想给她办一个热闹的生日Party。小乐在北京一个很有名的歌厅订了一个包厢，生日蛋糕和其他准备工作都做好了，她想到时给小诗一个意外的惊喜。小诗从另外一个同学那里得知这事后，找到小乐说自己不习惯去那种地方，所以不愿去那种地方过生日。小乐一听非常生气："一切都准备好了，那怎么办？"小诗说："你自己看着办吧！"听小诗这么说，小乐气愤地说："你怎么这么自私！为了你的生日Party，我花了钱不说，还费了这么多心血，你怎么一点也不知好歹！"没想到小诗只淡淡地回了她一句："是你在过生日，还是我过生日？"于是，双方心中的积怨像火山一样爆发了，她们的友谊寿终正寝。

人在职场犹如人在征途，总是需要有几个朋友相伴而行，一是可以相互驱赶心头的寂寞，二是在遇到艰难险阻的时候，可以相互帮助，相互鼓励，一起与困难做斗争。因此，人在职场，同样需要友情。但是，不知为什么总有人在告诫职场新人，要他们与同事保持距离，警告他们千万不要发展办公室友谊，并教给他们在办公室内如何步步为营、巧技暗施、克敌制胜的"职场功夫"，一副与公司所有同事不共戴天的样子。一天只有24个小时，可你每天至少有三分之一的时间与同事相处，你们真的有深仇大恨？

无论你工作经验多么丰富，作为白领，你身上总有自己觉察发现不了的缺点，它需要别人来提醒你，但是，现在一般的同事为了礼貌，或者感到事不关己而不愿提醒你。当然，许多人只愿意听别人夸自己，也没有诚意接受别人的批评，所以，不是真正的朋友，是不会真正关心你的成长的，是不会来指出你身上的缺点的。所以，一个优秀的白领肯定会有许多同事朋友，他们能相互帮助和促进，他们在工作和生活中常常交换意见和见解，这样他们的思维往往能以跳跃的方式前进，事半功倍；他们通过与朋友的交流与接触，能吸收到许多工作方面的最新信息和成果，不仅能学到各种有效的学习方法，也能感受各种人生体验，为自己在职场打拼，建立起广阔的人脉网络。

在你的一生之中，你肯定要认识和结交数不清的人。但是，在你的记忆中，最让你难以忘怀的人是谁？对于大多数人来说，他们往往是自己的小学和中学的老师！为什么？虽然他们教给你知识，但按现在的说法，那也是"等价交换"，即你交了学费，他们拿了工资，在本质上与公司的同事关系没有什么两样。但事实上，师生之间从来不是一种等价交换，老师们在给你传授知识的同时，还教你如何做人，他们有时像大哥大姐一样与你做游戏，给你带来快乐；有时又像父母一样，在困难和危险的时候给你帮助和保护，师生之间的交往是心灵的交往！所以，师生之间的情谊不随时间流逝，他们理所当然地让你尊重和怀念。

同事之间很少有这种情谊，仅仅是由于大家过于追求自动化、机械化和效率造成的吗？仅仅是因为你没有时间和机会来进行当年那种师生式的交往吗？也许是的，但是，在你追逐金钱和地位的同时，你是否真的在用心追求这份同事之间难得的情谊呢？

像小乐和小诗一样，许许多多的现代白领在追逐金钱的同时也在追逐情谊。他们比一般的人更知道职场友谊的珍贵，但是，他们当中却很少有人去呵护和珍惜这份难得的情谊，他们只是跟着感觉走，由于珍稀的友谊没有得到呵护，稍有风吹雨打，便花谢凋零，经受不了时间的考验，于是，他们只好用"随缘"来掩饰自己的粗心，最后仰天长叹"知音难觅"。

职场友谊得不到呵护，在很多时候是由于你只用自己的方式和标准去经营友谊，忽略了作为朋友的对方的存在。你坚持只用自己的方法经营友谊，就会给朋友造成压力，这样，当你认为自己已经付出了许多的时候，对方往往不仅拒绝以涌泉相报，反而认为你是变相地勒索。所以，如果你希望得到同事的友谊，你就要先学会做同事的朋友；如果你真的学会做别人的朋友了，那么，你就不难找到"知音"。有经验的白领往往会先选择交往的对象，然后看交往的情况决定交往的深浅。有些朋友，在一段时间内，与你如胶似漆，但一段时间之后，他又船过水无痕。只有知音，才能历经岁月沧桑。当然，作为知音，不仅需要双方都会做对方的朋友，更重要的是双方都愿意为对方付出。

　　因此，当你在职场中邂逅好友时，最好用经营事业的心情来经营友谊。许多人喜欢跟着感觉走，朋友交到哪算到哪，最后回头一想，抱憾终生。随着岁月的流逝，每个人无论外在形象还是内心世界，都会有许多改变，但是，一个人的品质，如宽厚、和蔼等，往往依然故我，难以改变。你在遇到困难时，经常会希望朋友伸出双手，但当你成功后，就不一定想到朋友的祝福，并且与他一起分享自己的成功。

　　对于职场新人来说，先学习做别人的朋友，这句话说说容易做起来难，因为他们一个个都是"天之骄子"，追求的都是"自我"，在与他人交往时，首先是要求对方配合自己，一旦对方不能配合自己，就大发"知音世所稀"的慨叹。友谊不是从天上掉下来的，它需要双方都有智慧，它需要双方辛勤的浇灌和培育。

　　作为白领，如果你没有职场同事的友谊，你的生活就像不长花草的戈壁一样，是荒凉而可悲的。

06
要学会看到同事的长处

小赵很讨厌自己的邻座大钢,比如,他动不动就坐到自己的座位上,即使在他感冒发烧的时候也无所顾忌。还有,他一逮到机会,就在别人的电脑上玩游戏,一边玩还一边发出讨厌的噪音,时而念念有词,时而大呼小叫:"我打死你个笨蛋!"而他的垃圾基本上都扔到自己的垃圾桶里,即使他扔到他自己的垃圾桶里,每天也是自己在帮他倒。小赵对另一个老同事说了自己的感受,以为他会有同感,没想他只是宽厚地笑笑对她说:"总的来说,大钢这人还是不错的。"

过去人们常说仆人眼中无伟人,同样,在同事眼里也无完人。你的同事身上是有这样或那样的毛病,这很正常,就像在你自己身上也有这样或那样的毛病一样。在现代职场中,你不能对自己的同事有太高的期望,因为大家毕竟都是凡人。如果你在同事身上看到阳光的一面,那在他身上必然会有阴暗的一面。相反,如果你不幸地看到了同事身上的阴暗面,那也并不代表他们没有阳光的一面。所以,你对人要宽容一些,要学会接受期待与现实之间的落差。

有些职场新人仍然保持着学生时代那种看人的习惯,对人要么大爱,要么大恨;如果自己心里喜欢,那就觉得对方十全十美、无懈可击;如果自己心里讨厌,那就会觉得对方缺点多如牛毛、一无是处。其实,这种大爱与大恨,只应该属于电视剧或小说,在现代职场中,更多的是处于这种"大爱"和"大恨"之间的"中庸"。人都是这样,可爱之中有不足,可恨之中也有优点,因此，在职场上，你应该有更多的宽容。

宽容，在职场上做一个谦逊的人——就是做一个对同事宽宏大量的人，即使你同事的身上有这样或那样的缺点和毛病，毕竟这些缺点和毛病，并不会对公司的利益和你个人的发展构成威胁。如果你善于体谅和宽容的话，那么，你的工作就会轻松得多。然而，现实中同事之间总有许多矛盾发生，这多是一些人宽于律己、严以待人造成的。

在一些职场新人看来，世界非黑即白，一切事物都应该像过去考试一样有标准答案，一定要评定出优劣，所以，他们总是在争论，他们必须捍卫自己的信念，坚持自己的原则。然而，在同事的眼里，你的那些信念和原则，多是些鸡毛蒜皮，无关紧要，所以，结果总是你孤军奋战，老打败仗。

达尔文的"适者生存"的理论的确是伟大，但你不能囫囵吞枣地把它照搬到自己的办公室来，因为生物进化与社会进化还是有本质的区别，同事之间无论谁对谁错，谁胜谁败，都不会达到你死我活的程度，大家今后还是要在一起工作，而且相互之间还要继续配合，所以，你一定要让自己拥有一颗宽容的心，让自己的情绪变得平和，使自己能理解别人。这样，无论成败，你都是英雄。

宽容的好处在于它会使别人喜欢接近你，从而在以后的竞争中你会得到更多的支持。公司是一个讲究团队合作精神的地方，你必须有全局意识。如果你遇事不够宽容，那你给人的感觉就是你是一个目光短浅和心胸狭窄的人，这种只看重眼前利益的人在现代职场上不会有什么作为。

人们常常把人的胸怀比作"心房"，作为"心房，它至少应该有三层楼高：心房的一楼，应该是"大堂"，在这个大堂里，你欢迎你认识的所有的人，来的都是客，进门问候一句"你好吗？""吃饭没？""去哪里？""你真漂亮！"双方可以坐在一起泡泡茶，侃一侃流行时尚、同事近况、明星八卦、福利彩票……大家一起嘻嘻哈哈打发时间，这样，你可以绕过自己内心里的孤独，感受到人生的温暖；心房的二楼应该是"客厅"，来这里的都是老朋友，在这里彼此之间可以痛快谈心，如果这类朋友都是女性，那最后多是用一堆笑声或几把眼泪来收场，这样，你的人生一点也不寂寞；心房的三楼则是"卧室"，这里你只让最亲密的朋友进来，在心房的卧室，你只点着一盏带罩的老式煤油灯，与朋友斜躺在床上，自由地编织自己的梦想，诉说自己内心最隐秘的欲望。

07
不要搬弄是非

如果将一个人的生活做个粗略的划分，根据时间和空间的不同，大致可分为公域和私域。因此，我们说话要分场合，公私分明是一条在什么时候都很有效的游戏规则。所以，办公室里不能乱说话，即使说也要说公事，不要掺和私事。别人没兴趣会让你扫兴，别人感兴趣对你可能会更糟。当然，说话的过程中，我们尤其注意的是：千万不要搬弄是非。

有些人一听到办公室政治，第一个反应就是避之唯恐不及，不愿卷入办公室的尔虞我诈里。遗憾的是，有这种想法的人，并没有认清自己和其他人身在同一条船上的事实。

那些想要明哲保身、图个耳根清净的上班族，最后的下场不只是求仁得仁、远离是非圈，甚至可能连工作都莫名其妙地丢了，还搞不清楚为什么。你大可不必跟着别人惹是生非，但千万别以为洁身自爱就可置身事外，因为办公室风暴从来就不长眼睛。

每个企业都有资源有限的难处，而且难免有分配不均的问题，利用一些手段来增加个人的竞争优势，不足为奇。每家公司都有两种组织结构：正式的组织结构是可以用图表现的，而非正式的组织结构就是人际关系。说明白点，办公室政治不过是多结交对你仕途有益的朋友，少在同事间结怨。

因此，与其对办公室政治心怀排斥和畏惧，不如放下所有的不屑和无奈，投身其中，享受办公室政治。办公室政治难精通，却不复杂。办公室政治是什么？是待人接物的态度，是应对进退的分寸拿捏，是害人之心不可有、防人之心不可无，简而言之，就是广交朋友，特别是能让身处权力核心的人如你的上司，成为你的良师益友。但是，在这个过程中最不能碰的底线就是搬弄是非。

很多人抱着清者自清、浊者自浊的心态在看待办公室政治，以为只要能独善其身就可以远离是非。但实情是，地球上没有真正的中立国，办公室里也没有可以明哲保身的人，只要身在办公室里，就是处在暴风圈，没有所谓的台风眼可容藏身。

很多人天真地相信，只要自己专业过人，工作脚踏实地，不惹是生非，总有一天老板会注意到自己这块璞玉。但最后结果往往事与愿违，因为专业不是升迁的唯一指针，躲在计算机后面，不与同事交流，不会让你成为领导者、管理者。

又有些人说，办公室政治是高层才有的勾心斗角，跟我们这种基层的员工没关系。事实上，管理阶层有管理阶层的政治学，基层员工也有基层员工的政治考题。

组织既然是人的组合，每个人都有自己的优先级和利害关系。如果学不会如何协调人与人之间的关系，也就别痴心妄想平步青云。

上班族应认清办公室政治没有旁观者的现实，这是一场你不下场参赛就会自动被判出局的游戏。想要独善其身的人，下场可能是被大家遗忘，甚至哪一天你就得卷铺盖走路。

我们绝对不是鼓吹上班族在办公室里兴风作浪，你可以不必下场打混战，但却必须保持消息灵通，随机应变。

许多人进入职场后，为了争权夺位，不惜四处散播谣言，或者搬弄是非，惹得人人生厌，公司内部的和谐状态被彻底打破了，完全违反了职场中的游戏规则，结果，老板不得不请他卷铺盖走人。

吴大林刚进入职场后，不知道办公室政治的深浅，与同事王某一同出去吃饭，听王某诉说主管陈某的一些是非，便在后来的一次出差机会中把这些话又原封不动地告诉了陈某。陈某一气之下，又说了王某一些事情，吴大林出差回来后又在一次偶然的机会中告诉了王某，因此，王某和陈某大吵了一顿，顺带牵出了吴大林。后来，老板为了摆平这些事情，把吴大林辞退了，这才平息了王某和陈某的怒火。

所以，在职场上，我们一定要注意自己的嘴，尽量避免谈论公司的人和事。人事关系最微妙，有人升迁，有人被炒。你不是老板，你不知原委就免开尊口，至于谁是老板的亲戚你知道就得了，犯不上传扬或跟人背后嘀咕。同样，有些类似"公司福利不好""公司老让加班，不给加班费"的话说也白说，反而传来传去，被添油加醋，让你连解释的机会都没有。"没有不透风的墙"，老话自有道理。今天你和某同事说"小张能力不行，办不成事"，过不了两天话就传到小张耳朵里了，你还不知情，却把人得罪了。

当然，要想做到这一点，我们在一些场面上说话也一定要把握好分寸。分寸拿捏得好，很普通的一句话也会平添几许分量。话少往往精练，让人觉得你是经过深思熟虑才说出来的。话太多往往容易失控，话的质量随数量的上升而下降，头脑发热，忘了什么能说什么不能说，公事私事搅在一起很容易授人以柄。

如果在同业的聚会上，不小心说了某客户的坏话。因此，该客户的态度突然变得冷淡，自己难以和他再接近，这时候该怎么办呢？

虽然无意中说了别人的坏话，但这也是非常重要的人际关系问题，作为一名在职人员，应该知道坏话必然会传入当事人的耳朵中，因此公司内也一样，不能随随便便说别人坏话或诽谤别人。

说别人坏话，虽然当时很痛快，发泄了心中的不满，可是说过后对自己不会有任何好处。

对方若进行报复，以其人之道还治其人之身，到那时你就会得到应得的下场。

发生这种情况非常难处理，如果你直接道歉可能会使事态更加恶化，我们唯一能做的就是通过写信或发短信来解释一番，事后经过一段时间再赔礼道歉。这样，才能够化解双方之间的一些怨气和矛盾。

当你有天发现竟然有人在你背后四处说你坏话，暗中破坏你的形象，该怎么办？千万不要因为一时气不过，就怒气冲冲地找对方理论。

要先稳定好自己的情绪，然后依照以下方法，一步步地化解难题。

1. 先检讨自己

你应该先想想，自己是不是做了些什么事、说过哪些话，让对方看你不顺眼。如果不明就里地去找对方兴师问罪，只会让对方看你更不顺眼。

2. 问清楚原因

你可以问他说："我不知道发生了什么事，是否可以告诉我是什么问题？"如果对方什么话也不愿意说，就干脆直截了当地对他说："我知道你对我似乎有些不满，我认为我们有必要把话说清楚。"

3. 委婉地警告

如果对方不肯承认他曾经在别人那儿说过不利于你的话，你也不必戳破对方，只要跟对方说："我想可能是我误会了。不过，如果以后你有任何的问题，希望你能直接告诉我。"你的目的只是让对方知道，你绝对不会坐视不管。

4. 向老板报告

当类似的事情第二次发生时，你可以明白地告诉对方："如果我们两人无法解决问题，就有必要让老板知道这件事。"如果事情仍未获得解决，就直接向老板报告。

当然，不是所有的情况都必须向老板报告。如果对方只是对你的穿衣品位有些挑剔，就让他去吧，这并不会影响你的工作或是你和同事之间的关系。

08 学会帮助同事

在日常工作中，一个人肯定会遇到各种各样的困难，但应该记住，搬开别人脚下的绊脚石，有时恰恰是为自己铺路——帮助同事，即是帮助自己。在帮助别人时，任何一种努力都不会白费。在企业的发展中，也非常需要这种舍己为人、帮助别人的员工，具有这种精神的员工老板当然会喜欢。

在一场激烈的战斗中，上尉忽然发现一架敌机向阵地俯冲下来。按照常理，发现敌机俯冲时要毫不犹豫地卧倒。可上尉并没有立刻卧倒，他发现离他四五米远处有一个小战士还站在那儿。他顾不上多想，一个鱼跃飞身将小战士紧紧地压在了身下。此时一声巨响，飞溅的泥土纷纷落在他们身上。

上尉拍拍身上的尘土，回头一看，顿时惊呆了：刚才自己所在的那个位置被炸成了一个大坑。

故事中的小战士是幸运的，但更加幸运的是故事中的上尉，因为他在帮助别人的同时也帮助了自己。

当然，我们在工作中帮助同事，有助于提高整个团队的工作效率，但是，在帮助同事的过程中也要采取一定的方式方法，千万不要因为采取的方法不当，而惹来别人的抱怨。

例如有这样一个故事：

有位善良的富翁，盖了一栋大房子，他特别要求建筑的师傅把四周的房檐建得加倍的长，使贫苦无家的人，能在下面暂时躲避风雪。

房子建成了，果然有许多穷人聚集在房檐下，他们甚至摆摊子做起买卖，并生火煮饭。嘈杂的人声与油烟使富翁不堪其扰，不悦的家人，也常与在檐下的人争吵。

冬天，有个老人在檐下冻死了，大家骂富翁不仁。

夏天，一场飓风，别人的房子都没事，富翁的房子因为屋檐特别长，居然被掀了顶。村人们都说这是恶有恶报。

重修屋顶时，富翁要求只建小小的房檐，因为他明白施人余荫总让受施者有仰人鼻息的自卑感，结果由自卑变成了敌对。

富翁把钱捐给慈善机构，并盖了一间小房子，所能荫庇的范围远比以前的房檐小，但是四面有墙，是栋正式的屋子。许多无家可归的人，都在其中获得暂时的庇护。

没有几年，富翁成了最受欢迎的人。他死后，人们为继续受他的恩泽而纪念他。

实际工作中，我们也会经常碰到这样一些事情。

马江毕业后进入一家电子公司工作，因为他为人随和，在虚心学习的同时，也肯帮助别人，因此在工作中还算是比较开心和顺利。但是，也有一次，他因为帮错了忙，差点给公司和同事带来损失。

一次公司派同事小李去一家公司安装电脑程序，这种程序是EBP企业管理软件，马江实际上还对其具体操作不是太熟练。因为小李中途有事，耽误了一天，客户打来电话后，马江也没有征求在家中休假的小李的意见，便抱着替他帮忙的态度去了那家公司。结果，因为他对这程序操作生疏，安装过程中出现了失误，害小李又多忙活了两天，并且差一点惹怒了客户，给公司带来损失。

所以，在工作中当我们想要帮助同事的时候，一定要征求对方的意愿，并遵照对方的意见帮忙，千万不要贸然行动。

另外，我们也切忌在私底下过多帮助自己的同事，因为私底下帮助同事，往往可能会脱离工作范围。

我们私底下帮忙的事情，只能偶尔为之，而且要让对方清楚你是卖他一个人情，不能养大他的胃口，该拒绝时，还要明白地说"不"，当对方知道你帮忙的分寸和底线后．自然不会再三试探。

09
主动给人找台阶

金无足赤，人无完人。在工作中，谁都可能有错误和失误，谁都有可能陷入尴尬的境地。因而，给人一个台阶，是为人处世应遵循的原则之一。

给人一个台阶，最能显示出一个人的良好修养。只有襟怀坦荡、关心他人的人，才会时刻牢记给人一个台阶。在受到伤害时，许多人都会与对方针锋相对地吵闹一番，结果使双方都十分难堪。虽然宽容并不意味着一味地忍让，但学会最大限度地宽容，就能避免许多尴尬。

给人一个台阶，往往会赢得友谊，得到信赖。给人一个台阶，往往是拥有朋友的开始，也是自己成功的开始。

同一个办公室里有年龄、条件相仿的同事实在是件很讨厌的事，人人都会把你们两个人拿来做比较，本来没有心结的慢慢也会感染不自然的情绪。其实办公室里同事间本来就是既合作又竞争的关系，若换个角度想，以健康心态看待竞争关系，当同事能力越来越强，等于是在无形中促使你提升实力。更何况，在全球化时代，本来就不应该把眼光局限在一个屋檐下的同事，而应该将全球的精英视为真正的竞争者，如此一来，自然就不需要把同事当"冤家"看待了。

当然，排挤同事的人，一定也会遭到其他人的排挤；另外，把同事当作阻挡前途的障碍的做法，一定也难以在办公室里立足。因此，对于在办公室里跟自己有工作关系的人，不妨试着去赞美他，或请他帮一个小忙，往往可以神奇地化解彼此之间的敌意，当然，如果对方碰到一些尴尬的事情，如果我们能够主动给他找到可以渡过难关或者窘境的台阶，也一定会赢得对方的信任和感激。

1953年，周总理率中国政府代表团慰问驻旅顺的苏联军队。在我方举行的招待宴会上，一名苏军中尉在翻译总理讲话时，翻译错了一个地方。我方代表团的一位同志当场做出了纠正。这使总理感到很意外，也使在场的苏联驻军司令大为恼火，要撕下中尉的肩章和领章。宴会厅里的气氛顿时紧张起来。

这时，周总理不失时机地给对方找了一个"台阶"，他温和地说："两国语言要做到恰到好处地翻译是很不容易的，也可能是我讲得不够完善。"并慢慢重复了译错的那段话，让翻译仔细听清，并准确地翻译出来，缓解了紧张气氛。总理讲完话后在同苏军将领、英雄模范干杯时，还特地同翻译单独干杯。苏联驻军司令和其他将领看到这一景象，在干杯时眼里都含着热泪，那位翻译被感动得举着杯子久久不放。

周总理的这种做法其实可以让许多职场上的朋友学习和借鉴。

宋华和赵一凡都是刚刚毕业的学生，在一次招聘会上被同时招进了一家生产家具的公司，开始担任电子数控方面的技术人员。因为在毕业时间、学历和技术、技能方面，两个人都差不多，无形中成了一对竞争对手，可宋华在竞争的过程中，还是抱着一种宽容和大度的态度来与自己的这位同事和谐地相处。

有一次，赵一凡在工作的过程中，因为偶然的失误，把一组急需要的数据弄丢了。当主管向他要数据时，赵一凡说刚刚丢了，还没有等赵一凡解释，主管就有些生气地开始责备起了他，恰好宋华也刚刚在场，便帮他开脱说："我们两个刚刚发现那组数据因为用过去的那种传统方法收集，误差太大，不利于加工的准确性，因此放弃了，想重新计算一番。"主管这才压下了怒火，让宋华协助赵一凡继续整理那些数据，因为这次事情，赵一凡对宋华最初的敌视态度转变成一种工作中的热情友谊了。

其实，世界上没有十分完美的人，所以在工作中，我们也要学会适应他人、迎合他人，这也是主动给人找台阶的一种行为。

有一次，小郑和他的上司外出办事。上司人很好，有许多值得他借鉴的优点，可是他也有一个不为常人知道的小小缺憾——晚上睡觉时爱打呼噜。这对他自己来说可能影响不大，可对于和他共居一室的小郑来说就近乎折磨了。然而因为他是上司，小郑只有慢慢学着适应他。随后几天，小郑开始体谅上司的苦恼：为这点儿缺憾，上司自己甚至没少遭到妻子的冷落。而对他来说，这一切又不是故意的，这并不是他的错。说来也怪，当小郑替上司着想后，上司的鼾声就再没给他造成多大的折磨，他甚至有些羡慕他的上司睡得是那样甜，从心理上适应了他。当你把一个人的缺点都适应了的话，你肯定会很快被他所接受。此后，小郑和上司成了很好的朋友，上司给予了他许多帮助和关心，小郑也逐渐在公司站稳了脚跟，一切都很顺利。

现代职场中的关系普遍都是一种竞争与合作的关系，只有我们胸怀大度，主动学会为别人找台阶，才能赢得大家的信任和支持，开辟自己人生和事业上的一种新局面。

10
平庸同事不可小瞧

王志凭借着过硬的技术和丰富的实习经验进入了一家大型私企的技术部，过关斩将的他高兴之余又有些担心，不知道技术部里都是些什么高手，铆足了劲进去一看，哈，不过如此，负责技术部资金申请的徐家天天上演时装秀，而另一个小伙子张天则天天在玩游戏，什么事情都不做。等于除了主任以外，技术部里就只有王志一个人干活了。听说之前还有一个技术员，来了半年就走了。王志不禁感慨，这种地方居然也有闲人？

虽然有点看不惯，大家倒也相安无事。但到了发奖金的时候，王志发现自己的奖金是几个人中最少的，徐家和张天比自己多了快一半了，王志就觉得很不服气，想着从来没见过你们干活，凭什么给你们这么多钱？又想自己当初不愿考公务员或者进国有企业，本来是期望能够凭借自己的能力赚钱，不搞大锅饭，没想到这里反而更不公平，怪不得前一个人干了还不到半年就走了。王志越想越伤心，早上主任交给他的工作到了下班还没有干完，主任找他要的时候，王志气冲冲地说："这活我干不了，要不你找他们干吧。"主任一看他气色不对，笑呵呵地说："活什么时候干都行，小伙子不要这样冲动，来，主任今晚请你喝一杯。"就把他约出去吃饭了。

几杯酒下肚，主任的话就多了："小伙子啊，你别看他们俩什么都不会，不要说我得罪不起，就是咱们经理也得罪不起啊。那个徐家，他姨夫每年给咱们公司几百万元的订单；那个张天，税务、媒体都有人，公司好多事情都得靠他打点。小伙子，你就听我一句，好好干活，别计较这么多，将来有你的好处。"

王志一听，一杯酒下肚，往后再也不提这方面的事情了，部里有什么事情都抢着干。过了一年，公司要派人出国学习，主任推荐他去，徐家和张天也尽说他好，他顺理成章就出去了。

　　点评：没有一家公司会养闲人，但公司用的不一定是他们的能力，还包括他们的人际关系网络，很多看似平庸的同事往往担负的职责比你重要得多。所以，千万不要小瞧任何一个平庸的同事。

11
职场小团体害处多

进入公司后不久,王娜就和办公室里的几个姐妹打成一片,她们几个都喜欢逛街、喜欢时尚,有许多共同语言。因此,平时王娜不论吃饭还是下班,都和这几个姐妹在一起。

可是不久,上司就找王娜单独谈话,要她注意和办公室里的同事团结一致,不要搞小团体,王娜很委屈,她们几个人又没有什么别的想法,只是比较谈得来罢了,有那么严重吗?于是她还是我行我素。

过了几个月,公司要推荐一批人到国外学习,王娜本以为自己各项条件都符合,实力也很强,他们这个部门肯定就推荐她了。没想到名单一公布,却是平时沉默寡言的辉!难道真的是所谓的小团体害了自己吗?

分析:刚参加工作的白领很容易还用校园的思维来考虑人际关系,希望能在工作中结交几个好朋友。王娜就是一个典型。可能在王娜看来,她们只是有些共同的爱好而已,又不影响工作,没什么大不了的。但在上司看来,几个下属走得比较近有着完全不一样的意义:那就是"小团体"。而一般说来,上司对小团体总是抱着不信任的态度,对于小团体里的人多有顾虑。

首先,上司认为小团体里的人一般都公私难分。所以如果提拔了圈内某个人,那么其他人可能会"一人得势,鸡犬升天",对其他员工造成不公,而且也会对公司、事业不利。

同时,上司担心小团体里的人对自己"不忠诚"。经常聚在一起的人气味相投,若上司对其中某个人批评或扣奖金,或其中某个人与别的同事发生矛盾，这几个人可能联合起来对付上司，影响公司团结。

再说，即使上司想给其中某个人单独奖励或红包，这个人很可能就会泄漏给圈内的朋友知道。而红包不是每个人都能有的，为了不影响团结，上司只好也取消了给你的额外奖励了。

所以，搞"小团体"害处多多，最终损害的是你自己的利益。因此在工作中要分清楚工作关系和私人关系，尽量和每一个同事都保持同样的距离。如果想要结交好朋友的话，就到公司以外的天地去寻找吧。

12
不要随意说出自己的秘密

　　李婷是一个才进公司的新人,工作了一段时间后,李婷发现自己喜欢上了上司。

　　有一天休息时,前辈安姐热情地和李婷聊天,关心地问她,"你在工作上有什么困难吗?怎么最近好像闷闷不乐。"李婷说,没什么,可能是太累了。安姐看了看她,说:"是遇上了感情问题了吧?嗨,我以前刚进公司的时候也碰到过,我那时候喜欢上了一个同事,可惜他走了。"安姐接着就讲起了自己的感情故事,李婷一听,心里觉得十分感动,安姐多理解我啊,于是自己的心事也全都说了出来。安姐看着她,说:"没事,这种事情谁都会有的。"

　　可没多久,李婷发现同事们都用一种奇怪的眼光看着她。终于有一天,有个要好的同事偷偷地对李婷说:"大家都知道你喜欢上上司了。你怎么能把这种事情告诉安姐呢?"李婷一听就傻了:"她不也喜欢过一个同事吗?"这个同事说:"嗨,你傻啊,过去的事情谁知道啊,关键是你的现在啊。"

　　点评:李婷的经历告诉大家,不论在任何情况下,都不要对同事轻易说出自己的秘密。所谓人心隔肚皮,你怎么知道别人是怎么想的,是不是用自己的"假秘密"换你的"真秘密"?就算别人没有什么坏心眼,一旦他人知道了那些有损你形象的秘密,也会对你另眼相看的。

第八章

工作不仅仅需要热情

01
工作可以失误，但不允许重复失误

小郎前天在与客户签合同的时候，因为怕被客户拒绝，没有按公司要求将违约条款填写到格式化合同里去。由于客户已经盖章，小郎的上司也只好盖章，但事后上司狠狠批评了小郎一顿。为此，小郎连续几天精神萎靡不振，觉得自己天生不是做销售的料，想跳槽换个工作。

其实，作为进入公司不到一年的职场新人，你完全有犯错误的权力，因为你从事的业务，包括工作流程、工作环境等一切对你来说都是陌生的，因此在工作中出现一些差错是很正常的，即使是老员工也难免犯错误，通过这种失误，你可以从中吸取教训，将它们转化为经验，这种经验对你来说更有价值。这种失误对于你来说是教训，但对于公司将来的新人则有可能是经验，所以，职场新人的失误对于一个现代公司来说，可以说是一种教育投资，因此，当你作为职场新人在工作中第一次出现失误时，没有必要老是跟自己过不去，自己打击自己的自信心。当然，这种失误不能重复，因为作为公司，你这种失误相当于重复投资，重复投资就是浪费，所以，对于重复失误造成的损失，你必须自己埋单，自己承担责任。

对于职场新人来说，你不要过于追求完美，工作中出现失误是难免的事，所以，失误之后你没有必要在心里保留挫折感。只要你能从失败中吸取教训，那就是进步。毕竟，挫折只是一时的，进步是永远的。你没有必要保留挫折感，并不是说让你一定要忘记挫折，而是让你不要白白遭受挫折，你应当积极地把挫折转化为成功的动力。

作为职场新人，不只在你的工作中，就是在你的人生中，可能也会有很多让你久久不能忘怀的失败教训。当你跌倒的时候，你的确会有损失，但只要你能从原地爬起，那就是一种进步，那就是一种收获。

随着经验的积累，你会慢慢培养出对挫折感的免疫力。由于你年轻，你肯定还会遭受挫折，但是，一般的挫折再也不会把你吓倒，你会要这些挫折赔偿你的损失。当然，这些挫折不会自动地赔偿你的损失，它要你向它学习，从它那里吸取教训。

但是，一些职场新人往往缺乏足够的思想准备，在失败后不能吸取教训，只会怨天尤人。他们只在乎自己受挫的感觉，并抓住那份感觉久久不放，甚至要跟那份感觉耗到精疲力竭才肯罢休。因此，他们到处说谁对不起他，当初如何如何，现在怎样怎样……不停地和挫折感搅和在一起，让自己做困兽之斗。

人在职场漂，哪能不挨刀！在现代职场打拼，身上难免沾染一些尘土和霉气，心中多少会留下一些酸楚的记忆；你需要总结昨天的失误，但你不能对过去了的失误和不愉快耿耿于怀，因为伤感也罢，悔恨也罢，都不能改变过去，都不能让你更聪明和更完美。你要想成为一个快乐成功的人，最重要的一点就是学会将过去的失误统统忘记。

02
吃亏是一种隐性投资

小陈最近心情不好。她的team最近正在参加一个化妆品品牌夏季推广会的比稿，她很努力，而且她对自己这一次的创意很满意。她觉得这次是她在业内崭露头角的机会，所以，她和她的两个搭挡加班加点，牺牲了好几个周末。就在她通过一次次的比稿，快要把项目揽到手的时候，老板让她把这个项目给另一个同事来操作，理由是那个同事与客户的关系更好，把这个项目揽到的把握性大一些，老板让小陈理解，为公司做点牺牲。

眼看着自己的劳动成果被同事拿走，自己的美好前景化作了泡影，小陈感到心里堵得慌。从小到大，她的长辈都这么教导她，为人要谦逊，为人要礼让，可她现在真不知道职场到底还要不要谦让，她怀疑，到了21世纪，谦让还到底是不是一种美德？

应该说，这种传统的谦逊是现代职场每个白领必备的素质，也是职场竞争中一大护身法宝。

现代企业之间的竞争，不再是个人之间的单打独斗，而是进入了"打群架"的时代。企业必须在竞争中取胜，取得最大的效益，也就是说，你所在的企业，首要任务是把饼做大，其次才是内部如何分饼的问题。职场新人进入企业后，企业就会让他扮演一定的角色。一旦导演选定角色，大戏正式开始，作为一个演员，你就要讲最起码的职业道德，不能将台后的个人恩怨带到台前。顾大局，识轻重，这就是现代的团队精神。

为了取得最大效益，企业领导人往往需要综合平衡，有时要采取舍车保帅的策略，当他们在取舍两难的时候，往往会让新员工作出一些牺牲，在这种情况下，就需要你有谦逊的美德。这就像一场比赛，需要队员之间的相互配合，在必要的时候，牺牲自己的利益。当然，在平时的工作中，也不一定要付出巨大的代价，只要自我克制一些就行了。

当然，如果小陈不将自己的作品拱手相让的话，她也有可能揽到这个项目。但是，如果你牺牲了团队精神，那将来就再也没有人配合你了，在公司里你就成了孤家寡人，因此你就很难有第二次的成功了。所以，作为职场新人，你一定要保持谦逊的美德，学会尽快融入集体，并在其中找到自己扮演的角色。想要被自己所在的团队所接纳，你就得接受和认同他们的价值观念。

作为一个白领，你的成功，首先肯定是团队的成功，所以，成功也并不一定要是你个人，团队的成功也就是你自己的成功。的确，在这样一个充满商业竞争的社会里，对于一个渴望成功的职场新人来说，要你不去争，不去计较，满足上司的要求，甚至去欣赏同事的成功，确实是件不容易的事，因为你还缺乏足够的磨炼，对自己的劳动成果希望马上获得等值的回报，因而出现斤斤计较的现象是难免的。

一分耕耘一分收获，你要求获得回报没错，但是，你如果过分注重眼前的和金钱上的利益，对于一个职场新人来说，有可能适得其反。如果你老是喋喋不休地跟上司提加薪或奖金的事，一旦超出他的心理承受能力，他就会感到烦躁，对你产生反感；即使上司满足了你的要求，给你加了薪水或奖金，他也会在心里认为你这个人太现实，不尊重他，从此你在他心里就留下一个阴影。因此，在这种情况下，即使你认为自己应得到的是非常合理的，最好的办法也不是不择手段去据"理"力争，而是让上司主动地奖赏你。因为即使勉强争到手了，对你也没什么好处，只会在上司那里留下一个坏印象，让你得不偿失。

如果由于你的谦让，让团队获得了成功，上司心里肯定有数，同事对你也会更加钦佩，因此，你的个人形象将得到提高，你的个人品牌价值也将大大提升，这也就意味着你将来会比别人有更多的机会，所以，严格地讲，你的谦逊并不是真正意义上的牺牲，而只是一种隐性投资。因为这种投资是可以回收的，而且比一般投资的回报率要高得多！所以有句这样的古训：吃亏是福。

03 在细小的事情上也必须讲信用

有一天,小许下楼去买个什么东西,钱包里没零钱,便开口跟旁边的谢娜借了一元钱:"借我一元钱,明天还你。"过后,小许就没有把这一元钱当回事了。昨天,他想起要交手机费时,又发现钱包里现金不多了,于是,又开口向谢娜借一百元钱,让他万万没想到的是,谢娜冷冰冰地对他说:"我可以借你一百元,但是,第一,你先把那一元钱还给我;第二,为这一百元你得写个借条。"

当时,小许恨不得从自己办公的六十八楼跳下去,他感到这是对自己人格的最大侮辱!他不明白谢娜为什么这么小气和冷酷!

谢娜也许小气,也许冷酷,但小许没明白谢娜之所以对他那么小气和冷酷,就是因为他在谢娜那里已经没有信用了。

在小许看来,这年头一元钱根本不算一回事,如果是掉在地上的钢镚,他可能都懒得弯腰去捡,因此,没有按时还谢娜那一元钱,不是他身上没零钱,而是他根本没把这事放在心上。但在谢娜看来,这不是一个钱不钱的问题,而是一个讲不讲信用的问题。(当然,谢娜让小许当众下不了台,这种做法无论如何有些过分,但那是另外一个问题。)

"借我一元钱,明天还你。"不管钱多钱少,这是一份承诺。即使是一块钱,它也有个信用问题。在现代职场上,人们对白领有更高的信用等级要求。

作为职场新人,在你刚进公司的那天,你在心里可能多少有些紧张和不安:我的顶头上司到底是个什么样的人,我的同事是些什么人?其实,与你的心情一样，你的上司和同事也一样有些紧张：新分配来的是个什么样的人，他性格好不好，他能不能尽快地接手工作，分担我们的一些业务？因此，从你上班的第一天起，你的上司和同事就开始注意你的一举手一投足了。

你的同事们通过你日常的言行，悄悄地了解你的性格、行为方式、常识、知识、理解能力、判断能力、创造能力，等等，开始对你的能力和为人作出他们自己的评价。

由于大学里的同学都是哥们姐们，讲究的就是"义气"二字，很少关注信用问题，所以，不少职场新人受惯性的作用，不太注意信用方面的问题。也许你并没有意识到，从你从进入办公室的第一天起，你的上司和同事就在有意和无意之间，像收集商场里的打折优惠券一样在收集你的信用，给你做信用评估。你的信用记录像优惠券一样分红黑两种被你的上司和同事们收集。当这些信用优惠券积累到一定数量的时候，你的上司和同事就会自动要求兑现。

对于有些人来说，他们专门喜欢收集别人的黑色信用优惠券。他们平时在心里默默记下了你做错的事情，但是他们从来不对你说什么。比如，你喜欢喝咖啡，但是从不往咖啡机里续水，他给你记下一笔；不久，你事先没打招呼就拿他的小型计算器使用，又被记下第二笔；你今天迟到了，他也记下来了……他的优惠券记账本总是记得满满的，一旦他与你发生争吵，他就会把你的黑色记录和盘托出，让你狼狈不堪，或者汇报给上司，让你吃不了兜着走。

当然，你的红色的信用记录也同样被上司和同事收集，一旦有升职加薪的机会，他们同样会自动地为你兑现。上班时间不迟到、约会守时，即使只借人家5毛钱也按时归还，等等，无论做什么事，无论在什么情况下，都说话算话。通过这样的积累，你的信用也就在无形之中建立起来了。

一般来说，你一开始给人家的是"最初的印象"；但这些"最初的印象"，慢慢地就会形成同事给你的评价。所以，作为职场新人，在进入职场的那一刻起，你就应该清楚地认识到自己的信用问题，从一开始就要注意自己的言行，珍惜自己的信用；你要避免人家对你先入为主，产生成见，因为以后你要改变人们对你的成见是很困难的。因此，即使是一元钱，既然你说了是借，而且说好是明天还，那么，你不仅要还，而且一定要在明天下班之前还。如果不注意这一元钱的信用，那么，你的信用可能在上司和同事那里连一元钱都不值。又比如，你定了时间与人约会，不管你是有意还是无意迟到了，只要一次不守时，你在对方那里可能就一点信用也没有了，因为生意场上最忌讳不守时，不守时就意味着轻诺。

你在职场的信用，就是你在人生银行的存款，你存的越多，你的机会就会越多。而这些机会往往让你在事业上事半功倍！

04
态度也是一种能力

小楠上班之前，特意去做了个牙齿矫正手术，第一天上班，她又特地穿了深灰色套装，她希望给办公室的同事一个非常职业化的形象，让他们对自己"一见钟情"，尽快在心理上真正接纳自己。但是，几个月过去了，她发现办公室里七八个同事对自己还很客气，也就是说他们还并没有把她当成真正的同事。她不理解，有些沮丧。有一天当她向一位"老师"即她的一位老同事请教时，对方不耐烦地说："别一天到晚老师老师的，多幼稚！"

她终于觉悟了！

对于职场新人来说，你正式上班的第一天给你同事的第一印象，往往决定着他们对你的接纳程度。如果你给他们留下的第一印象非常好，你将来的工作可能会得到许多关照和帮助，相反，如果他们对你的第一印象不是很好，那会给你今后的工作增加很多难度。

从社会心理学这个角度来看，公司同事对新人的"印象"，往往取决于他第一次见到你时的感觉，先入为主，因此，在上班的第一天，你要尽可能地给上司和同事留下一个好印象，这跟谈恋爱一个道理，第一印象不是不可改变，但很难改变。要改变人家对你的第一印象，就要付出额外的成本代价！

现在的职场新人似乎都知道这个第一印象的重要性，所以，有许多职场新人不惜血本地"包装自己"，他们不仅在衣着打扮方面很注意，而且还有许多女生专门做整容手术。但是，目前大多数人只注重身体上的美容，忽视了精神上的美容，即忽视了内在涵养的提高。像小楠这样，习惯性地将自己的上司和同事都称为"老师",因为你的谦卑,人家可能表面上不说你,但在心里认为你连怎么称呼这种起码的社会常识都没有,太幼稚,因而看不起你。

作为职场新人,你刚开始上班,上司和同事不会要求你有太多的经验和能力,他们最关心的是你是个什么样的人,关心你的工作态度。作为上司和同事,他们对你的基本要求是开朗活泼,善于沟通,这样,既能迅速融入团队,又能把办公室的气氛活跃起来。因此,刚上班时,你一定要带着微笑和热情。你的微笑和热情,说明你是一个朝气蓬勃、谦虚而又有上进心的人。

如果你带着微笑上班,既能表明你的工作态度,而且还能给办公室带来生机,感染上司和同事,因此能给上司和同事留下一个良好的第一印象。有人说态度也是一种能力,并不过分。虽然你在经验和能力上有所不足,但一个微笑,一份热情,往往能让你事半功倍。

作为职场新人,你的最大特征应该是"朝气蓬勃":在虚心向老同事学习的同时,做事干净利索,说话有精神;上司或老同事叫你的时候,应声干脆洪亮;早上见面招呼有力,走路的步伐稳,胸要挺直,衣着打扮要干净利索,总之,作为职场新人,你要给人既谦虚好学又朝气蓬勃的感觉。

05
职业发展道路上的"红线"不要碰

小巩上班后的第二天上午，公司老板将他叫到办公室，说有要事相谈。他当时很激动，以为领导要重用自己。一进门，老板就给了他一个下马威："你也看到了，这条街上从南到北全是找工作的大学生，工作不好找；如果你不卖力工作，那你就会遭到淘汰。"见小巩有些紧张，于是老板又和颜悦色地说："现在公司急需外派一部分员工去别的公司上班，你是个不错的人选，不过你放心，工资照发，除此之外，你还可以在别的单位再拿一份薪水。"

对于这种闻所未闻的工作，小巩非常地纳闷：老板出钱请自己去为别人做事，真是滑天下之大稽。正当小巩莫名其妙的时候，老板一语道破了天机——原来，公司派他到竞争企业里去做"卧底"。见小巩有些犹豫，老板开始许诺说，"卧底"只是短期打工行为，干得出色，回来后便可直升部门经理，而且在别的公司任务也相当简单，只需每天及时地将对方的运营机制、管理方法和产品销售价格变化等信息汇报给公司就行了。

小巩回家想了一个晚上，第二天上班后向老板递交了辞职书。因为他觉得当卧底是见不得阳光的，跟偷跟抢没啥两样，他的良心不允许他做这种缺德的事。

的确，面对两份薪水和升职的诱惑，一些职场新人会在这时候给自己找一个冠冕堂皇的理由来原谅自己："人为财死，鸟为食亡。生存不易，为了使自己能够生活得更好一些，偶尔做点不那么光彩的事，有什么了不起！"

然而，小巩的选择是明智的。首先，做这种昧良心的事，肯定会在你心里留下一层阴影，影响你的正常生活，给你的身心造成极大的压迫感，甚至惶惶不可终日。对于一个职场新人来说，这种日子是难熬的，除非他的良心已经泯灭。

小巩的老板要靠"卧底"这种手段，来维持生存，与同行竞争，就多少说明这家公司面临黔驴技穷的境地，即使它现在业务红火，那也是一种"虚火"，维持不了多久。对于一个白领来说，找到一家好公司，你在职场的努力会事半功倍。相反，如果在类似小巩现在这样的公司干下去，它会让你事倍功半，甚至颗粒无收。由于小巩所在的这家公司已经到了要采取不正当手段来维持生存的地步，它给你的各种"承诺"也不过是画饼充饥，所以，为了自身长远的发展，你应当另择明君，免得到时竹篮打水一场空。

如果你抵挡不了双薪和升职的诱惑，最后的结局有可能是老板把你卖了，你还在替老板数钱，因为"卧底"是一种窃取商业机密的违法行为，一旦东窗事发，"卧底"完全有可能面临牢狱之灾。如果老板一口咬定是你的个人行为，你之所以去"卧底"完全是为了捞外快，而你又没有什么证据的话，你只有白白地给人当替罪羊。因此，做这种事不是一个单纯讲不讲良心、工作有没有前途的问题，更为重要的是一个守法不守法的原则问题。

作为职场新人，虽然今后的职业生涯还很漫长，但是，决定你人生成败的也就只有那么几步，因此，你必须在自己职业发展道路上画出一条不能踩踏的"红线"，这条"红线"就是法律，因为你一旦逾越了这条"红线"，你就有可能走上歧路，甚至坠入犯罪的深渊。

06
办公室里无小事

  一次，公司开新产品推广会，部门所有的人都连夜准备文件。部门经理分配给小朱的工作是装订和封套，因为小朱进这家外企才半年。小朱的经理是一个快60岁的美国老头。他一再叮嘱小朱："一定要做好准备，别到时措手不及。"小朱听了心里很不高兴，心想：这种高中生也会做的事，还用得着这样婆婆妈妈地嘱咐我？于是她没加理会。同事们忙忙碌碌，她也没帮忙，只在座位上装模作样做自己的工作，实际上是在看一本时装杂志。文件终于交到了她手里。她开始一件件装订，没想到只钉了十几份，钉书机"咔嚓"一响，钉书针用完了。她漫不经心地抽开钉书针盒，脑子里轰地一响——里面没有钉书针了！她马上到处找，找来找去都找不到。经理看见后，也立刻让所有人翻箱倒柜。不知怎的，平时随处可见的小东西，现在竟连一排也找不到了。当时已是深夜了，而文件必须在明早9点大会召开前发到代表手中，经理像个恶魔似的对她大喊："不是叫你做好准备吗？怎么连这点小事也做不好？！"她低头无言以对，脸上像挨了一巴掌似的滚烫刺痛。

  虽然最后找到了一盒订书钉，但这件事让小朱深刻地领悟到，"不打无准备之仗"这句古话的真正含义：以防万一，做万分之万的准备工作并不是浪费，而如果以三分的精力和态度面对十分的工作，将带来不可预料的恶果。在职场上你要想取得成功，真正的障碍，有时可能只是一点点疏忽与大意，就如同那一盒小小的钉书针。

  办公室里无小事！对于白领来说，所有的工作都是自己的"上帝"，但在办公室，你的心中有自己的"上帝"吗？你敬畏"上帝"吗？不！在一些职场新人的心中，根本就没有这个"上帝"！在他们看来，把自己的工作当"上帝"对待，这是一种迂腐，一种呆板，他们不仅缺乏这种"呆板的严谨"，而且也看不起这种"严谨的呆板"，他们在思想上似乎都有着这样一个误区：成大事者必不拘小节，自己将来是做"大事"的人，所以可以不拘小节。其实，如果你"大"字当头，那你多是眼高手低，纸上谈兵，你或许可以风光一时，但肯定不会风光一辈子。一步切实的行动远胜过一打口号。只有脚踏实地，从小事做起，你才有可能一步步铸就人生的辉煌。

要养成认真对待自己的每一项工作的好习惯可能很痛苦，但这并不是很难，而你一旦养成这样一种良好的习惯，它就会成为你一生的精神财富。如果你养成了良好的工作习惯，你就会对自己的工作产生一种亲切感，会从心底里把工作当成自己的第一需要。从此，工作对你来说变成了一种乐趣。如果你养成了一种良好的职业习惯，在工作中，这种习惯就会自觉地支配你的行动，让你在不知不觉中把工作干得轻轻松松、有条不紊。这样，工作的过程，就是你享受快乐的过程。

你是由自己一再重复的行为铸造的，因而优秀不是一种行为，而是一种习惯。世界上不存在优秀的行为，习惯优秀才是真正的优秀。要养成优秀的习惯，你只有从工作中的每一件小事做起。什么是伟大？伟大就是把简单的事情重复做好一千遍一万遍。

07 把烦恼暂时打包

小谢进公司快三个月了，作为推销员，他还没有签一个单子，上个星期开会，他的上司已经开始指桑骂槐了。公司实行业绩末位淘汰制，年底电脑自动除名，所以，这几天他觉得自己头脑像要爆炸似的，他真不知道怎么办才好！他觉得自己的压力太大了，所以，他想换工作，只要没这么大压力，薪水少一点也行。

其实，在现代职场，不只是推销员，其他的岗位也一样面临压力。作为白领，你只要进了办公室，人就像是上了发条的闹钟一样不停地工作，以便在最短的时间内让上司和同事看到你的工作成效，因为在公司考核时，"效率"是衡量员工的第一标准。在这样的工作环境中，当你面对着厚厚一摞待处理的文案愁眉不展时，当你刚刚挨了上司的"板子"，心中怒气冲天却不能发作也不敢发作时，当你加了一个通宵的夜班，头昏脑胀可又不得不出席一个重要的会议时，压力自然而然地产生了。

现代人的一句口头禅就是"忙"。如果要说忙什么，或者忙是为了什么，大多数人都会茫然地摇摇头。特别是朝九晚五的白领们，四季恒温，一个格子间，一个显示器，一大堆文件，总有做不完的事情。当今社会，由于工作紧张，加上淡漠的人际关系，人们的心理压力越来越大。

在现代职场中，工作压力是不可避免的，事实上，一定的工作压力也有助于你的成长。工作中有一定的压力，它能激发出你的潜能，使你发挥最佳表现。只要你想在工作上有所成绩，就一定会感到有些压力。但是，工作压力太大或太小，对一个新人来说都不是件好事。因此，作为职场新人，你不要幻想寻找一份没有压力的工作，而是要逐步提高自己的抗压能力，让自己的精神像根弹簧，受到的工作压力越大，你反弹的力度也就越大。

对于职场新人来说，要适应这种压力一开始很难。他们大多是独生子女，没有与兄弟姐妹吵吵闹闹的经历，从小受到父母的溺爱。你在一种比较优裕的环境中长大，一直被当作"好孩子"培养，而你人也聪明，没有辜负长辈们的期望；上学时，往往是根据你的考试成绩为主来评价你，所以，你经常被当作"好孩子"和"好学生"。但进入职场后，公司是以工作业绩作为主要评价依据，由于评价标准的变化，你开始失去自信，因此，一些职场新人一开始很难承受这种职场压力。

过去做学生时看电视，你可能觉得那些高档写字楼里的白领的生活非常美好。其实，现实并不这么简单，学生作为学生有自己的生活节奏，同样白领有白领的生活节奏，当你成为白领之后，就会发现这是完全不同的生活节奏。特别是现在的学生，在精神上都非常放松（至少暂时是这样），无法体会到作为白领这方面的压力。所以，参加工作后的第一步，你就要调整自己的生活节奏，开始适应白领的生活节奏。

作为一个白领，公司对你的基本要求，就是百分之百地完成自己的本职工作。要做到这一点，你必须保持自己身心的健康。就像一个交响乐团的乐手一样，如果你今天发烧，明天头痛，既不能参加排练，又不能参加演出，那么，你的职业生涯能维持多久？

作为一个职场新人，面对工作给你带来的烦恼，你要学会把烦恼暂时打包。有些事，如果你现在想不通，就暂时别想了；有些人，如果你现在无法面对，就暂时别面对了；有些困扰，如果你现在不能处理，就暂时别处理了；有些情绪，如果你现在理不出头绪，你就暂时别理了。不是不理，不是逃避，而是让自己暂时离开烦恼。如果你老是这么纠缠下去，你只能让自己陷于一团更大的乱麻。从另一个方面来说，你现在没有办法处理，并不代表你以后也对此无能为力，所以你干脆把那些事、那些人、那些困扰和情绪暂时打包装箱，等到你有能力去解决的时候，再从容不迫地去处理，因为，时间老人会让你变得更加成熟和更有智慧，而且，也会在不知不觉中把你曾经打包的东西解带松绑。

不要老是想着压力和烦恼！每天早晨醒来时，你只要对自己说一声"又一个美好的早晨到来了"！那么，你就会焕发出一种活力，有信心开始迎接新的一天的工作。

08
在"打杂"中创造机会

小萌现在对自己的工作干得一点劲也没有,她是公司文秘兼内勤,公司大大小小琐碎的事情都要她管,她觉得自己在这份工作中找不到任何动力和激情,整天像个老妈子似的,学不到任何本领和技能,所以感到很郁闷、很压抑。她觉得老是这么"打杂"没有什么意思:她希望让自己的生命更有意义些,更加丰富多彩些,所以,她想跳槽。

不管你是做文秘,还是销售或客服,都是一样的,事实上,所有具体的工作永远都是繁杂琐碎的,就是章子怡那样的电影明星,也是拍完一个镜头又拍另一个镜头,同样是在重复。可以说,现代职场上的所有工作在你干了三个月之后都会变成简单的重复劳动。所以,枯燥乏味的不是工作,而是要看你自己是不是一个有情趣的人,你能不能在自己的工作中找到意义!

每个企业的组织结构都像个金字塔,作为职场新人,你肯定是处在这个金字塔的最底部。由于专业化分工,你从事的业务在整个公司中肯定显得很渺小,就像一台巨大机器上一颗芝麻大小的螺丝钉。因此,你在处理各种日常工作的时候,不仅要把它们做好,而且要了解这些工作对整个公司运作的意义。否则,你就自然而然地会觉得自己的工作没意义和乏味,从而产生遭罪的感觉。

比如,你给客人泡茶,这事看起来很平常,但是,如果你知道自己这项工作的意义,你就会显得亲切和蔼,给客人留下一个良好的印象。由于你给客人留下的良好印象,就给公司的发展带来了机会……因此,即使给客人泡茶这种小事也是一份贡献。如果你认识到了这一点，你就会觉得自己很快乐，至少不是在活受罪。所以，你虽是根螺钉，但在公司这台机器上，你一样不可或缺。如果看不到这一点，当然找不到自己工作的方向和动力，总觉得别人的工作既简单又有趣，而自己的工作则太简单而且乏味，没法让自己喜欢，所以你总想跳槽，到外面去碰运气，希望能找到一份不重复、不刻板的工作。

你可能觉得老板现在是给你随便安排一个岗位，是在人才高消费。其实，公司作为一个追求盈利的组织，在调配最重要的人力资源的时候，一般不会张冠李戴、乱点鸳鸯，让你去干你不擅长的或不适合的事。反过来说，如果你现在真是颗爱国者导弹，你的老板绝对不会把你当一串浏阳鞭炮放了，除非他是个大傻瓜。既然公司把你招进来了，就说明你是个人才，他们对分配给你的工作也寄予了希望。所以，如果他们分配给你的工作与你当初想象的不一样，也许是因为他们发现了你自己原来没有意识到的特长，对你来说，也许是个新的机会。

通过打杂，你可以慢慢熟悉公司业务的工作流程，并开始为自己将来从事具体业务收集基础信息。比如，你在为上司打字的时候，你就可以琢磨上司是怎么写合同和协议的；你可以利用收发国内外来往传真和整理档案的时候，开始学习业务知识，掌握做合同和谈判的流程与技巧。通过这样的"打杂"，你自己就可以慢慢摸出门道，将来一旦让你做具体业务，你就有基础了，不至于到时候两眼一抹黑。

许多职场新人都觉得"打杂"很没面子，不好意思对同学说真话，其实大可不必，"打杂"并不会有损于你的尊严。在那些成功人士的眼中，"打杂"可能就是"机遇"的同义词。

刚进公司，职场新人可以说都只能是根小螺丝钉。但是，如果没有这些小螺丝钉，整个机器都可能不能正常工作，所以，对于分配给你的工作不仅要全力以赴地做好，而且要有创造性地把它做得更好。这样，就能让公司里的人在看到你能力的同时，看到你的诚意，从而给你机会。如果不改变心态，只希望用换工作和跳槽来改变现状，那也是换汤不换药，除了浪费自己的时间和精力，仍然会回到老路上来，到新的公司仍然是打杂。

所有成功的人都是首先做好自己的本职工作，种好自己的"责任田"。很多职场新人还不到半年就开始跳槽，他们的理由无非是工资太低、学不到知识和技能等。其实，这不是理由，因为无论在什么公司，无论在什么职位上，只要你真的把握学习的机会，还是有意义的，就看你知不知道把握。

做一行怨一行，怪公司不好，怪上司不好，怪同事不好，嫌这嫌那，公司没一项合你的意。事实上，世界上哪有"零缺陷"公司？是好是坏，完全看你从什么角度、用什么心态去看。怪公司没有给你提供学习机会，其实机会处处都是，三人行必有我师，就看你能不能放下架子，以甘当小学生的精神去虚心学习。但是，很多新人似乎看不到自己身边的机会，反而这山望着那山高，只想跳槽。

如果你抱着学习的态度，向周围的同事学习，那么，在看到别人的缺点的同时，更多的是发现了他们身上的优点，这样，你就会重新发现，其实你自己拥有许多机会。有了这种发现，你就会懂得珍惜自己已有的一切，相信自己能有更多的学习机会和发展前途。在自己的工作岗位上精耕细作，随时虚心向上司和同事学习。当你偶尔回头一看，你肯定会发现自己进入了一个全新的世界。

生活中，总有那么一些人时时哀叹命运的不公，说上天没有赋予自己良好的发展机遇，其实不然。上天对待每一个人都是公平的，在给予别人机遇的同时，也在给予你同样的机遇，只是方式不同而已。也许，那些机会的到来并不那么明显，而是在你完全没有思想准备的时候出现，在这个时候，你能否获得成功，关键在于你抓住这意外机会的能力。在你寻找机会的时候，它就在你身边。你之所以没有发现它，是因为它出现得太意外了。去努力抓住这种意外机会吧，抓住这种也许会让你的人生从此不同的机会。不站着等机会，而是要主动地去抓住那些意外的机会，不少人的成功就是这样实现的。

09 工作需要分类处理

小田是公司的文秘，由于进公司才半年，说是文秘，实际上就是打杂。她是个性格开朗的女孩，不怕打杂，觉得在这种公司打杂是一种难得的历练。但是，每天她不仅事情多，而且头绪也多，稍不注意就乱套，捡了芝麻丢了西瓜，自己费了力，还惹老板不高兴，所以，她最近非常苦恼。

比如，这天一上班，老板就让她起草一份市场分析报告，在星期五下班之前交给他；刚交代完，老板又来电话，让她给泰德公司的王经理和南方广告公司的张总打电话，请他们今天下午1点半来公司一起商量落实展览会的筹备工作；刚记录完老板的电话，传真机又发信号，有几封传真，都是英国托尼公司史密斯先生发来的，让老板帮他预订酒店，他星期四下午到北京；小田正在看传真时，电话铃响了，《数码》杂志社广告部的人来电话，问下季度广告做不做，向老板请示，老板让她起草一份传真，说下季度起不再在他们杂志上做广告了；刚放下老板的电话，人力资源部的人来电话问她参不参加"磁盘存档法"讲座，如果参加，就填写参加"磁盘存档法"讲座的报名表，明天下班之前为报名的最后期限。

面对这么多杂事，作为职场新人，小田有些头痛，不知从什么地方下手。

不管事情再多，只要能找到一套分清工作轻重缓急的方法，你心里就不会发慌。

在日常工作中，经常同时要做好几件事，但哪些工作要优先处理，必须根据事情的紧急程度来定，所以你要具备临机应变的能力，在合适的时间里做合适的事，这就是现代白领具备综合判断能力的表现。

日常工作一般分为三类，第一类是现在必须马上处理的工作，它用new表示，这类工作简称N；第二类是应该今天完成的工作，它用today表示，这类工作简称T；最后就是不太急的工作，即使明天完成也可以，它用later表示，这类工作简称L。比如面对上面这一大堆事，你就可以做个简单的分类：通知公司行政部借用会议室和给泰德公司的王经理和南方广告公司的张总打电话请他们今天下午过来商量工作，这两项是N类工类，必须马上处理；把传真转给具体负责对外联络的部门，顺便把史密斯到北京的时间向上司汇报一下，争取在今天下班之前把上司要的报告的提纲写出来，这几项工作不急，只要在今天下班之前完成就行，所以它们属于T类工作；存档学习报名和给《数码杂志》社发传真的事都不急，明天去办也行，所以属于L类工作。

把工作的轻重缓急搞清楚后，处理起来就游刃有余了：首先给公司行政部打电话，通知他们今天下午要借用一个小会议室，请他们做好安排，之后给泰德公司的王经理和南方广告公司的张总打电话；把传真转给具体负责外面联络的部门，顺便把史密斯到北京的时间向上司汇报一下；争取在今天下班之前把上司要的报告提纲写出来；存档学习报名和给《数码杂志》社发传真的事都不急，有空的时候再处理，但先把它们记在笔记本上，别最后把这事给忘了。

作为职场新人，你最好养成一种对自己工作进行分类的习惯。有了这种分类的习惯，你的工作效率会大大提高，把看似一团乱麻的杂事理顺，做到层次分明。这样，你就会看到自己工作能力的提高，从而自信心大增，开始享受工作本身给自己带来的乐趣。

为了提高自己的工作效率，你不妨给自己制作一个"当天必做工作表"：把每天要做的事填到表格里，并按轻重缓急对它们进行排序；如果再出现临时性的工作或突发事件，再填进去。每处理完一件事，就把它从表上擦掉。做这个表，就像去超市之前做一个购物清单一样，先买什么，后买什么，写得清清楚楚，省得在超市里来回转，不仅节省时间，而且也不会丢三落四。

与这种"当天必做工作表"配套使用的是"工作效率夹"。这种夹子能帮助你提高记忆和工作效率，非常实用。你把每天的工作，如预定的会议、电话、起草信函等每项都做成卡片，插在这个夹子对应的位置，每天早晨上班时，先看一下效率夹，知道自己今天有哪些工作要做，某项工作完成之后，就把对应的卡片扔掉。每天下班之前，把第二天要做的工作写成卡片，插到第二天的对应位置上。如果当天某项工作没完成，就把它挪到第二天去，这样，第二天应做哪些工作，头一天心中就有数，可以提前做些准备。譬如今天是6月18日，今天的卡片就插到6月18日的口袋里，如果有几项工作今天完不了，就把它们插到明天19日的口袋里去。

许多职场新人对待自己的工作总是兵来将挡水来土掩，别人叫你干什么你就干什么，有什么事干什么事，没有一点计划性，所以，尽管有时工作不是满负荷，但总感到自己很忙，白天忙不完，有时还要把工作带回家去加班，这是名副其实的"事倍功半"。如果你的工作比较有条理，那下班后你就有时间看书学习了。

10
先做最重要的事

人类的重要任务就是将主要事务放在主要位置。

——史蒂芬·柯维

想要成为工作中的统率者，就需要分清工作的轻重缓急，简单点说就是分清主次——最重要的事情先做。世事难料，这是很多人的感叹，事实也确实如此，毕竟人还没有到料事如神的地步。然而，我们却可以事先对各种情况进行研究，并确认什么是最重要的，又该怎样去对待它。

古人云：预则立。在你的预案中分清了主次，一旦遇到突发性事件时，就会举重若轻地把它化解掉。相反，你就会"剪不断，理还乱"。幸福来自简单的生活方式，而简单则在于你能把握最重要的事。

每天花费几分钟制订合理有效的工作计划，并非是一件小事，它可以让你认清当天的工作中什么是最重要的事情，你就可以先着手做最重要的事情，从这点上就能看出一名员工对待工作的态度与责任心，它不仅可以让你成为工作的统率者，想象一下，当你先把最重要的事情完成之后，怎么会没有一种成就感，而这种成就感也正是一名员工面对繁杂的工作最需要的身心激励。当你被这种成就感充溢着的时候，不管多琐碎的事情，你还是会有很高的工作热情去完成它。

人活在世上和自己有关系的事情太多。有喜事，有悲事，当然也有最重要的事和次要的事之分。那么究竟是最重要的事第一还是非重要的小事第一？这个问题看上去好像一目了然，回答是肯定的，当然最重要的事第一了，但是在我们的工作和生活中，往往由于性格等原因，把最重要的事给耽搁了，最后悔之晚矣。

凯瑞大学毕业后，在求职上并没有费多少周折，很顺利地进入一家著名的跨国公司。她精明能干、善解人意，当然很受老板的赏识，进这家公司没有多久，就由普通员工提拔为经理助理。她工作更卖力了，每天都帮助老板把工作安排得井井有条，和同事关系处理的也很好，单位的同事们都很亲切地待她。

凯瑞在这里的工作用她自己的话来说是得心应手，心情也很舒畅。在同届毕业生当中她目前的处境是最好的，所以难免会有同学打电话咨询她一些工作上的事情。这些电话大多是长途，作为善解人意的她接个电话也是无可厚非的，帮助他人也是她的天性，所以每次她都会很认真地给对方出谋划策。

为此，经理也批评过她，说这些小事下班再说，以免误了公司的最重要的事。当然，说也只是不痛不痒地说，毕竟凯瑞的工作能力很强，这种人情上的事情做了也就做了，况且她在工作上与经理也配合得相当默契。

一次国外的老板打电话过来，结果电话一直占线，这一次老板已经打电话通知中国区经理让他等电话有个重要的合同，结果他一直等了半个多小时才把电话打进来，了解到电话占线的原因不是因为中国区经理把他的话当作耳旁风，而是凯瑞在接一个电话。当然，外国老板那次也没说什么。

直到有一天，凯瑞正在修改一份广告内容时，有人敲门，而她习惯性地说了句等一等，当她开门后方知是外国老板，这才慌忙地给他倒茶。他离开中国之后，作出了一个决定，并给中国区经理发了一份传真：

凯瑞很出色，也很努力，但是她没有很清楚地分清事情的重要性与非重要性。我希望下次见到的不是凯瑞而是一名能把最重要的事情时刻放在心上的员工。

经理看后傻了眼，他好像以前并没有太在意凯瑞那些小事，只知道她把工作都做得很好。凯瑞被辞退了，同事们都感到很吃惊，不过这家公司在后来的招聘面试题中就多了这样一项，最重要的事第一，还是非重要的小事第一？

凯瑞的工作经历是不是给我们大家敲了一个警钟：有的时候，看似很小的事情，却能影响我们的工作、生活。那位外国老板的想法并不是没有益处的，那些生活琐事表面上看似乎并不影响大问题的解决和处理，但它浪费时间和精力。

　　员工主要的职责就是快速、准确、高效地完成上司交给的任务。这也是得到上司认可的一个重要途径，这样上司才有可能提拔你，使你通过被重用而更好地实现自身价值。相反，如果你连最起码的主次都分不清，甚至连上司交给你的最简单的任务都无法完成，那么你肯定不会得到上司的认可，也许还有一种最坏的可能在等待着你，那就是被炒鱿鱼。

　　要想出色地完成上司交给的任务，首先就要分清主次——先做最重要的事。将最重要的事情放在首位是在职场中得以生存的核心问题。几乎每个人都被自己想做的、上司要求我们做的以及自己担负的许多细小工作给搞得精疲力竭，甚至有种疲于奔命的感觉。如何最好地分配自己的时间先做最重要的事，最大化地提高工作效率，就显得尤为重要。

　　这是一个致命的问题。它能左右你职场上的一切。那么，是什么在困扰着你？是你分不清摆在面前的问题到底哪个是最重要的。

　　对一个不重要的问题作出决定并不难，可以说是轻而易举的事情，并且能很容易地发现自己对于工作的主次分配有问题。但是对于大多数的人来说，上司交给的事情都是重要的事情，问题不在于"重要"与"不重要"，而在于"重要"与"最重要"。所以"最重要"的敌人常常是"重要"。它就像雾一样常常迷住你的眼睛，使你找不着北。

　　罗伟毕业后，应邀到一家大型公司做助理。刚到任时，总经理和他谈了公司的情况与现状，并且交给他两件需要办理的事情，一件是资金周转问题，另一件是公司员工的日常需要供给问题。罗伟学的是会计专业，且认为有筹集资金的特长，因而产生了一个很实际的想法，将解决资金周转的问题放在了最重要的事情上。

　　罗伟为解决资金周转问题在各个部门跑来跑去，但没有像以前的助理那样处理日常事务。这引起了公司绝大多数员工的强烈不满，因为以前的助理把主要精力放在满足公司员工的日常需要上。但是罗伟却不这么做。

公司员工对于他的这种做法极为不满，就派了一个代表团到总经理那里要求换新助理，或者让罗伟彻底改变自己的做法。总经理了解罗伟的做法，替他解释说："放心吧！他会将你们的问题解决得很好的。但是，你们要给他一段时间。"

没过多长时间，公司资金周转问题解决了。罗伟这才开始着力解决公司员工的日常需要问题。虽然他后来将问题处理得很好，但是由于他没有将员工问题放在首要位置解决，许多员工对他已有成见，他在公司的情况可想而知，变得众叛亲离，最终，他只得离开那家公司。

后来，罗伟这样说道："我的失误在于团队建设做得不够，解释工作做得不足，与公司同事的沟通太少。没有将总经理交给的任务分清哪是最重要的，哪是重要的。如果我将员工实际问题放在最重要的位置，也许会出现截然相反的结果。但是，现在说什么都已经太迟了。"

那么，对于你来说，上司交给的任务什么是"最重要的"？什么使你无法将时间和精力放在你本想做的"最重要"的事情上？是因为太多"重要"事情需要你做吗？对于大多数人来说，情况就是这样，而这样做的结果是，他们对没有将工作中的首要事情放在首要位置而感到不安。

上司在分配给你任务的时候，有时是间接的，有时是刚刚给你下达了一个命令，接着又下达了另一个命令。这时，你就要分清哪个是"最重要"的，先做好"最重要"的事情，再做"重要"的事情。这就需要你准确领会上司的意思，如果仅靠表面上的意思去理解上司的话，可能你无法体会到上司的真实意图。特别是有些上司在说话中习惯用一种暗示，就更需要引起注意。这时，你就要用你聪慧的大脑认真地领会。

例如，上司如果对你说，我最近整天忙得团团转，开会、写文件、赴约。对了，我让他们做的统计报表怎么还没送来，我今晚需要看一看，还有你将我的公文包整理一下，一会儿我要去参加一个很重要的会议。这时，你就应该先把上司的公文包整理好，不耽搁上司去开会这才是最重要的事。然后，再抽空去看看统计表的完成情况，如果他们做好了，就拿过来放在上司的办公桌上；如果他们没做好，就要提醒他们加紧点，上司今晚要用。聪明的下属一般都会这样做。

没有哪个员工不会想在事业上取得成功，那么对于工作中的细微小事就得特别关注，只要你投入极大的工作热情，分清"最重要"的与"重要"的，相信你的事业一定会像芝麻开花一样节节高。

想要成为一名优秀的员工，你就需要分清工作的主次——最重要的事先做。

在时间管理方面有一个很有名的20：80定律，也就是用你80%的时间来做20%最重要的事情，因此你一定要了解，对你来说，哪些事情是最重要的，是最有生产力的。

谈到时间管理，有所谓紧急的事情、重要的事情，然而到底应做哪些事情？

当然第一个要做的一定是紧急又重要的事情通常这些都是一些突发困扰，一些灾难，一些迫不及待要解决的问题。当你天天处理这些事情时，表示你时间管理并不理想。成功者花最多时间在做最重要，可是不紧急的事情，这些都是所谓的高生产力的事情。然而一般人都是做紧急但不重要的事。你必须学会如何把最重要的事情变得很紧急，这时你就会立刻开始做高生产力的事情了。

从个人角度来说，如果能够把握一天当中20%的最重要的事情，并且用80%的时间来对其进行思考、准备和完成，那么就可以让这20%的投入产生80%的效益。

当然，分清主次在我们的生活中，也是一件重要的事情，这样才能给自己留一些时间去享受生活。假如还像以前一样，无论什么事情都往日程里安排，我想把一个人分成两部分，也还是不能圆满，所以，分清主次是高效完成工作的前提。只有把事情有主有次地分离出来，才能避免浪费更多的宝贵时间。

11
分外的工作更要出色地完成

每天比你认为能做到的多做一点，那么你离成功也就不远了。

——洛厄尔·托马斯

很多新人在工作中最容易出现的误区就是过分强调分内分外，认为自己只要把自己应该做的事情做完了就行，其他的事情不属于自己，不该自己完成的活儿，一点都不做。有的员工还会有这样的一种想法："我多做了，又没有人给我加工资，我干吗要做这样出力不讨好的事？"

什么是应该做的？什么又是不不应该做的？刚毕业的大学生被称为"职场新生代"，平时在家和学校都不免有些养尊处优，大事做不好，小事不屑做。工作中在与同事的相处过程中，一些鸡毛蒜皮的小事都容易怨声载道。其实在工作的过程中，多表达对别人的敬意并时常恰当地使用礼貌用语，或者热心跑腿，合理的情况下多帮助别人完成分外的工作，都不是吃亏的事。平时工作中应该多考虑其他同事的感受，多感谢他们平时对自己的帮助。

职场之上事无大小，不要因为帮同事做了点小事就斤斤计较，你要清楚你是一个新人，对于工作上遇到的难题，很多时候你自己解决不了，这时候，你就需要资历深的同事的帮助，平时多做点分外的事情，多给同事帮点小忙，就能在同事心中留下一个好印象。当你有困难需要同事指点迷津的时候，谁会拒绝你呢？

小赵刚毕业没多久，就来到一家公司上班，与其他还在苦苦寻找就业单位的同学相比，他已经很幸运了。小赵一直对自己说，记住自己是一个新人，多做点事累不坏。和许多刚上班的大学生一样，小赵做的也是那些琐碎、低级、没有技术含量的工作，不过，对此他没有什么怨言，毕竟学校里学的东西与工作上所需要的知识与技能不同，他对于自己分内的工作认真完成，同时还主动做一些分外的工作。

每天早上，其他同事还没到，小赵就开始打扫办公室，然后在同事们的办公桌上，放一杯沏好的茶或泡好的咖啡。不是一天两天这样，在他来到这个公司之后，天天如此。慢慢地，同事们觉得这小子很有韧性，所以，当小赵遇到自己不懂的问题向同事请教的时候，大家都很乐意为他答疑解难，还夸他很能干，很好学，很多跑腿的活儿，小赵也都包了。晚上，当同事们奔向电梯回家的时候，他不言不语地收拾一天下来凌乱的办公室，然后坐下来，自己给自己再加个班，搜集白天业务会上提到的关键数据，回顾一下当天学到的东西。

有一次，开部门会议，主管提到了一个销售数据，在座的很多人都记不清楚，这时候，小赵说："如果我记得没错的话，应该是××。"主管与在座的同事都感觉惊叹，一边说，年轻人的头脑就是灵光，一边不由得佩服这个平时不动声色的小伙子。

没过多久，主管就把一项重要的工作交给小赵，而他凭借平时积攒的经验很出色地完成了任务，小赵也在公司中树立了属于自己的威信。

有不少新人在工作中，会有这样的一种感觉：很难和其他的同事沟通。因为他们看起来似乎很忙，多希望能有谁空下来，教教自己该如何工作。其实老板将你招聘到公司就是希望你能马上适应工作，这其中也包括你要马上适应你的工作伙伴。可是他们不会等着你来适应，因为他们同样有的是工作压力。上面故事中的小赵就做得很好，帮助他们送送文件，做个剪报，发个传真，热心跑腿，合理的情况下多帮助别人完成分外的工作。只有这样，他们才会有时间和你交流，教你如何工作。

工作中，不要过分强调分内分外，每一个员工都是整个公司团队中的一名成员，不论是谁都会遇到需要同事帮忙的时候，那么就应该平时注意培养同事之间的感觉，当你分内的工作已经完成的时候，不妨主动请求帮助同事做点自己分外的活儿，既会给同事留下一个乐于助人的好印象，又会给自己留有充分的余地，当你需要同事帮助的时候，没有谁会把这样的人拒之门外。

张坤在事业单位从事建筑设计工作，在工作中他认真负责，但很少与同事交流。有时候，其他人有什么问题向他请教，他只注重于自己手头的工作，一句"我自己还没忙完呢，你先等会儿"就把人家拒于千里之外。

其实，张坤并不是那种死掐着自己有的东西不放手的人，可他说话的语气实在让人接受不了。久而久之，同事们对他都有些疏远。

后来，同科室的同事出差的时候，请他帮忙取个包裹，或者参加职称考试的时候求他给代个班，他都不愿意，认为自己做好分内的工作就够了，没必要去为别人做什么。不久后，他便成了单位里的孤家寡人，连去食堂吃饭别人也不愿意和他坐在一个餐桌上。

张坤自己这才感觉有些不对劲，领导也多次找他谈话，说一定要搞好内部关系，我们是一个整体，即使一个人的工作能力再强，如果没有了团结协作，整体实力也不会很强。

不过，这时候，张坤想要扭转局势已经为时过晚，毕竟想要改变自己留在他人心中的形象不是一件容易的事，最后他只能离开这个单位。

在与同事相处时，我们要记得多为他人着想和考虑，不要过分强调分内分外，否则很容易被人误解为自私、冷漠。因为眼里没有别人的人，别人眼里自然也不会有他。在具体工作中，更不要只埋头苦干不抬头看路，多听听别人的看法和意见，学学他人的经验和做法，通过相互的沟通、协作，肯定会使你的工作与人缘更加出色。

能够在做好自己本职工作以后再做些分外工作的员工，将受到企业或上司的欢迎。很多时候，这种工作干劲是会相互感染的，进而可以使整个团队的工作效率得到很大的提高，如果在一个国家形成一种势头，那么这个国家的经济发展一定位居国际先进行列。

来到异国他乡，常会遇上国人说的"文化震撼"。的确，不同文化的碰撞，常会让人领悟到一些什么。

王晓第一次踏上日本的土地，就时常感受到这种所谓的"文化震撼"，其中有两次给他印象尤深。

早就听说东京的夜景美丽壮观，是世界著名夜景之一。到日本后不久的一天晚上，王晓请在日本工作的弟弟陪他上了住友三角街的顶层，这里是东京观赏夜景的最佳地点。与纽约、洛杉矶、新加坡等地金光闪耀的夜晚不同，东京的夜景宛如星河泻地，银灿灿一望无际。

看着无数灯光通明的办公大楼，王晓问弟弟："为什么这么晚了，办公楼还都亮着灯？"

弟弟回答道："一般公司职员都工作到很晚。"

在日访问期间，白天有自己的活动安排，傍晚下班时分，王晓总在弟弟工作的公司附近与他会合，请他陪着逛逛。

有一天他们走岔了，等了很久不见他的踪影，王晓就进他公司找他。本以为这么晚公司里一定会空空荡荡的，可推开办公室的门却让王晓吃了一惊，员工熙熙攘攘，热闹非凡，一大半屋子的人都还在忙碌着，而这时已经下班一个小时了。

出门遇上了弟弟，王晓问他："下班这么久了，你的同事们怎么还不走？"

弟弟说："日本人就这样，其实他们也没干什么，只是干活干得意犹未尽，还想再找点什么事干干。"

那天乘轻轨火车返回东京远郊的住所时，已是深夜了，而车厢里挤得满满的。望着这群满脸倦意、默然站立的日本"忙班族"，王晓内心震动了——他们竟然是这样工作的！

日本的经济发展之快，与日本人讲究工作效率不无关系，而且，在日本的公司里，他们很重视团队协作精神，工作起来，不管是分内还是分外的工作，都会很出色地完成。那么，一个公司想要取得辉煌成就，靠的就是自己的员工，如果每一个员工都很强，工作效率都很高，这家公司的信誉也会很高。

进入职场，就需要把自己放在一个大的环境中考虑问题，如果你所在的公司很出名，那么你也会感觉自己很有面子，想要自己的公司名气大些，作为员工，你在做好自己分内工作的同时，也应该多做些分外的工作，并且同样出色完成，这样，一个公司才会有所发展，你作为其中的一分子，也会感到骄傲和自豪。

上司并非全才，在工作中他也会遇到许多头痛的问题。这些问题也许不是你的分内工作，可是这些难题的存在却阻碍着团队的前进，作为一名优秀员工，无疑会主动帮助上司解决这些难题。

卡尔是某学院的部门助理，他的老板罗格负责管理学生和教职员工。极其糟糕的签到系统使学生们常常因还未上课就被记名，许多班级拥挤不堪，而另一些班级却又太小，面临被注销的危险。

意识到罗格承受着改进学生签到系统的压力，卡尔自告奋勇组织攻关，负责开发一个新的体系。上司高兴地同意了他的意见，于是，这个攻关小组开发出一个完善的签到系统。对卡尔组织开发成功的这套系统，罗格给予了高度赞扬。

之后的一次组织机构改组中，罗格升任为主任，随即，卡尔被提升为副主任。

一般说来，做个有心人，始终做到眼里有活并能将这些"分外的工作"做好，往往会成为企业的中坚力量，最终成为令人艳羡的员工。

当然，分外工作说起来容易，但做起来难度不小。假如，某一天，不只一位同事请假，部门缺乏人手，而所要做的工作却很多，即这一天你的目标除了顺利完成自己当天的工作外还要兼顾帮同事做事，当然这是你的分外工作。这个任务看起来很简单，而实行起来却颇为吃力，需要费点力气，然而，你也必须将它们都做好。

只有这样，企业或上司才会有机会知道你具有身兼多职的才能，这就是成为优秀员工的关键。眼里除了本职工作外就没有其他要做的事的员工，怎么能让企业或上司知道你有多大才干，又怎么使自己升职加薪呢？

有两种员工是永远无法超越别人的：一种是只做别人交代的工作的员工；另一种是从不做好别人交代的事的员工。总是成为第一个被企业辞退的员工和总是在同一种单调卑微的工作中耗费精力的员工相比，哪一种情况更令人丧气？

上述的第二种情况是因为没有把交代的事办好，而第一种情况则是由于"只做"别人交代的工作。用以上任何一种方式做事，或许可以躲过一时，却永无成功之日。在以前工业时代，听命行事的能力相当重要，但是，在现今高新科技迅速发展的时代，员工个人主动进取，积极主动地做好分外之事，却更受重视。

决定哪些该做，就立刻采取行动，不必等到别人交代。清楚了解你的企业和你的工作，你就能预知该做些什么，然后立即着手去做！

率先主动是一种极其珍贵、受世人看重的素养，是榜样员工必须具备的素质。它能催促你主动完成分内与分外的事，会使你从竞争中解脱，使你引起上司、委托人或顾客的注意并赢得他们的信赖。

永远眼里有活，做事积极主动，能尽心完成职责范围以外的事的人，不但会驱策自己快速前进，更能赢得辉煌的未来！

[友情提示]：

1. 作为新人，一定不要好高骛远，一心就想着做些重要的事情。你必须心中清楚，你是一个新人，在还没有取得上司的信任之前，首先要做好自己分内的事，像这些打印文件、发送资料跑腿的分外的事情最好也能出色地完成，这不仅会给同事留一个好印象，而且也在为自己以后遇到难题向他人请教铺路。

2. 作为一名员工，需要有强烈的团队精神，同事之间协作得好，这个团队才会取得成绩。那么，有时同事请你帮点小忙，例如取个包裹、发个快递这类的自己分外的事，也应该尽心尽力。

3. 当上司遇到难题的时候，不要觉得这是上司分内的事，与我无关。作为下属，给上司出谋划策，并协助上司排解困难无疑会得到上司的赞许。

4. 有些时候，即使没有人交代给你工作，你也应该自己要求完成一些分外的工作，但必须在自己的能力之内，并且要完成得更为出色。

12
积极面对每一项工作

在现实世界里，到处都是有才华的穷人，有些受过良好教育、才华横溢的年轻人，在公司里却长期得不到提升，主要是因为他们不愿意自我反省，养成了一种嘲弄、吹毛求疵、抱怨和批评的恶习。他们根本无法积极地面对自己手头的工作，只有在一种被迫和被监督的情况下才能工作。

有些刚刚走出大学校门的年轻人，面对自己从未接触过的工作，一时有些手足无措，每当领导交给他工作任务时，总是要问一问该怎么办，这种做事方法长此以往容易产生依赖心理。

所以，刚刚进入职场时，我们就要约束自己的行为，培养自己积极面对手头工作的最大表现就在于主动做事。所谓的主动做事，就是不用别人告诉你，你就能在工作中自觉地出色地完成任务。其实在日常工作中，即使你没有被正式告知要对某事负责，也应该努力去做好，如果你表现出胜任某种工作，那么责任和报酬就会接踵而至。在你担心该如何多赚一些钱之前，试着想想如何把手头的工作做得更好吧。

罗家伦毕业于中南一所著名的医药大学，毕业后，经过一番在人才招聘会上的激烈竞争后，他进入了一家生物科技公司。因为深刻地认识到现在社会上就业艰难，所以，从踏入这家公司的那天起，他就强烈要求自己在公司里争取主动做事，尽管许多事情他也不明白，许多工作他也一下子无法完全厘清，但是，在他主动做事的过程中，碰到了不懂的或者不会处理的问题，总会有同事指点一番，就这样，他的工作能力得到了不断的提升，薪水也在短短的半年之中翻了一番。

老板和公司最需要的就是拥有主动做事精神的员工,而在实际工作中,我们很难找到能集这些精神于一体的人。许多员工总认为自己和老板只是一种商业交换关系,无须感激老板,甚至对老板抱有仇视心态,这是老板和员工之间矛盾紧张的最主要的原因。事实上,如果每位员工都能用积极的心态面对自己的工作,并培养自己主动做事的精神,那么在老板和员工之间就会实现一种双赢的局面。

陈华和蓝云平同在一家百货公司做事。他们的年龄一样大,也拿同样的薪水,可是蓝云平很快就升职加薪了,而陈华仍然在原地踏步。

"其实,不能说我不公平,蓝云平这小伙子实在是招我喜欢,我觉得我不能不给他加薪升职,那是他应该得到的。"老板说,"我派他们去市场上看看有什么卖的,因为我的库存已经不多了。陈华回来告诉我只有一个农民在卖土豆。我问有多少,他不知道,就又跑到市场上问了回来。我问价格是多少,他又只好第三次跑到市场问出了价钱。"

说到蓝云平,那位老板笑着说,脸上带着欣慰的表情,好像讲述的是他的儿子:"他很快从市场上回来,并汇报说目前只有一个在卖土豆的农民,一共有36口袋。价格还比较合理。他还带回几个土豆样品,让我看看质量。你更不会想到的是,他从农民那儿了解到番茄的销量很好,他把那个农民也带来了,在他手上还有一个番茄样品。后来我就放心地让蓝云平担任了更重要的职位。而陈华,我实在找不出什么理由给他加薪,哪怕是100元。"

在以前的工业革命时代,听命行事的能力相当重要,而现在个人的主动进取的精神更受重视。知道什么事该做,就要立刻采取行动——动手做!不必等别人的督促与交代。

"我没有时间!""我实在太忙了,不能做!""恐怕现在还不是最佳时机,我们为什么不再等等呢?"通常,这些司空见惯的话语可能会使你付出数倍的代价。"没有时间"只是懒散者的挡箭牌,是懦弱无能者的理由。要想获得更多的机会，你就应该积极主动地去面对自己的每一项工作，即使你的所得与你的付出并不成比例。

因此，刚刚进入职场的你若想登上成功之梯的最高阶，就要学会积极面对自己的工作。即使你面对的是毫无挑战和毫无生趣的工作，如果你能够做到率先主动地积极做事，最后就能获得生活的回报。

13
对工作充满激情

激情是工作当中一种最为难能可贵的品质，对于一个员工来说就如同生命一样重要。有了激情，一个员工可以释放出巨大的潜在能量，补充身体的潜质，并发展出一种坚强的个性；有了激情，可以把枯燥的工作变得生动有趣，使自己充满对工作的渴望，使自己产生一种对事业的狂热追求；有了激情，还可以感染周围的同事，拥有良好的人际关系，组建一个强有力的团队；有了激情，我们更可以获得老板的提拔和赏识，进而获得更多的发展机会。

有一位著名的民营企业家说："要想获得这个世界上的最大奖赏，你必须拥有过去最伟大的开拓者所拥有的将梦想转化为现实价值的献身热情，以此来发展和销售自己的才能。"

可在现实中，很大一部分人对自己的工作和所从事的事业缺乏一些起码的热情。他们早上上班时，一步一蹭地挪到公司后，无精打采地开始一天的工作，对待工作是能推就推，能拖就拖，就盼着下班的时间早些到来。这些连对工作起码的热情都没有的人，又怎能谈得上对工作拥有激情？

其实，对于职场中人来说，当你正确地认识了自身价值和能力及担负的社会责任时，当你对自己的工作有兴趣，感到个人潜力得到了发挥的同时，你就会产生一种义务感，并产生一种巨大的精神动力，即使各种条件比较差的情况下，也不会放松对自己的要求，反而会更加积极主动地提高自己的各种能力，创造性地完成自己的工作。这就是对工作充满激情者的表现。

朱明华是一家公司的采购员，他非常勤奋而刻苦地工作，对工作有一种近乎狂热的热情。他所在的部门并不需要特别的专业技术，只要能满足其他部门的需要就可以了。但朱明华总是千方百计地找到供货最便宜的供应商，买进上百种公司急需的货物。

他兢兢业业地为公司工作，节省了许多资金，这些成绩是大家有目共睹的。在他29岁那年，也就是他被指定负责采购公司定期使用的约1／3的产品的第一年，他为公司节省的资金已超过48万元人民币。公司副总经理知道了这件事后，马上就加了朱明华的薪水。因为他在工作上刻苦努力，博得了高级主管的赏识，在36岁时成为这家公司的副总裁，年薪超过10万。

微软公司招聘员工时，有一个很重要的标准：被录用的人首先应是一个非常有激情的人，对公司有激情，对技术有激情，对工作有激情。你也许会觉得奇怪，微软怎么会招这么一个人？它的一位人力资源主管一语道出了内中的真相："我们不能把工作看成是几张钞票的事，它是人生的一种乐趣、尊严和责任，只有对工作拥有激情的人才会明白其中的意义。"

其实在公司里，没有人愿意同一个整天萎靡不振的人交往。同样，没有一个公司愿意招聘一个整天提不起精神的人，更没有一个老板愿意重用一个精神低落、整日牢骚满腹的员工。和那些在工作上不太如意的人聊一聊，你就会发现，他们牢骚满腹、怨天尤人、愤愤不平、寻找借口，那是他们性格上的缺陷给他们造成的麻烦。他们自毁前程、自食其果，他们总是显得格格不入，无所作为。所有的雇主都在寻找能够助自己一臂之力的人，他却在冷眼旁观，对工作提不起一丝一毫的热情。他们始终不明白他们的工作不如意到底是什么原因造成的。其实，是他们不明白一个基本的职场规则：奖赏只属于那些对工作充满激情的人。

许多对工作丧失激情的人，总是把原因归咎于自己的工作缺乏创造性。其实，缺乏激情的深层原因还在他们自己的内心深处，他们对激情怀有一种畏惧心理。

许多人生活在一种被束缚、被阻碍的不良的环境中，生活在足以泯灭热情、丧失志向、分散精力、浪费时间的氛围中。他们没有勇气去破除束缚他们的桎梏，也没有毅力去抛弃旧有的一切。终于，他们的志向会因没有成绩而归于灭亡。

许多员工，本来也想对工作充满激情，也有志于表现他们自己，但被过度的胆怯与缺乏自信所束缚、所阻挡，因害怕失败而不敢行动。

怕别人讥讽和嘲弄，害怕流言蜚语，这种恐惧心理会导致他们不敢说话、不敢做事、不敢冒险、不敢前进。他们等待又等待，希望有一种神秘的力量，给予他们信心与希望。

激情，就是一个人保持高度的自觉，就是把全身的每一个细胞激活起来，完成心中渴望的事情。激情是一种强劲的情绪，一种对人、事、物和信仰的强烈情感。激情甚至可以改变历史，多少伟大的爱情故事、多少历史的巨大变革，莫不与激情息息相关。

人的价值=人力资本×工作中的激情×工作能力。工作激情应该是工作能力的前提和基础，它可以促进工作能力的提高。有了工作激情，才会丰富工作成果，才能说明工作能力；没有工作激情，成天混日子，那么只会日渐消沉。

工作中的激情可有效激励你达到每日的工作目标，并能重燃成功的希望，推动我们不断前进，更上一层楼。

所以，在进入职场后，我们要学会不断给自己施加压力，加强工作的难度和复杂程度，给自己创造超越自我的机会，才能使自己持续保持工作的新鲜感和动力，持续保持工作中的激情和使命感。这是在职场上技压群雄的最佳武器。

第九章

弥补身上的不足

01
克服"人性"的弱点

80后这一代，不论是男孩还是女孩都比较任性，因为多数家庭都只有一个孩子，有的孩子还不在父母身旁，跟爷爷奶奶或姥爷姥姥一起生活。由于这些孩子在家庭中的特殊地位，使他们过多地得到家庭成员的娇惯、溺爱和迁就，天长日久，就任性起来。渐渐地，这就形成了一代人的总体性格特征。

由于任性，他们在工作中就难于与同事相处，更谈不上协调或者融洽地配合好了；由于任性，也很难与家庭成员和睦相处，发展下去就容易形成思想固执，甚至唯我独尊的性格。

因此，进入职场后，我们就要收敛一下自己"任性"的行为，同时也要尝试着克服，或者善用自己"任性"的弱点。

办公室的环境既然是由人组成的，每个个体的行为难免都会影响到其他人的想法、整体的气氛、工作的进程，想在职场发光发热，除了具备才华外，更重要的还有性格、情商（EQ）、社交等许多看不见的能力。才华及专业能力，只有在你初为职场新人的时候，能为你的竞争力加分，而当你正式成为工作竞技场上的战士时，真正能让自己存活下去的唯有自我控制能力、应变能力和协调能力。

任性型性格也分为自由型、自我实现型和独立经营型。自由型是依附于一个集体，在其中承担有限责任，用辛勤的工作实现自身价值；自我实现型是选择自己专业所长从事学术研究或文学艺术创作；独立经营型是自己开业做买卖，凭辛勤和汗水实现自身价值。

自由型属于轻微任性，并善于利用自己的任性式撒娇讨同事及领导的喜欢。如果任性倾向较严重，不宜选择自由型（即依附于一个集体）。任性倾向较严重的人，应该选择人际关系比较单纯的工作，除学术研究外，也可以当自由撰稿人、网络员、电脑编程员等。

选择独立经营型，则应树立信心，舍得吃苦。任性型性格的人兼有聪明、能干的特点，自己开业做买卖，只要吃得了苦，定能成功。

任性型性格的人做文秘工作显然是不合适的。文秘是沉稳、老练而精明的人擅长的工作，而任性的人不能自制，稍不如意就任性妄为，选择文秘工作是不明智的。

任性的性格如果再有神经质倾向就危险了。任性的性格倾向越严重越不好，最严重的甚至近乎神经质，常常破坏气氛，令举座不安。

某企业办公室文秘石丽英是一位刚刚参加工作不久的名牌大学毕业生，她的性格就非常任性，常常为一星半点小事同办公室的同事发生矛盾，弄得办公室气氛非常紧张。一天，她走进办公室，认定别人正背地里议论她，因为她一进来大家就不说话了。一气之下，石丽英竟把一个同事刚刚整理好的报表撕得粉碎。事情闹到经理那里，经理无奈，把石丽英解雇了。

石丽英的任性倾向属于比较严重的一类，她已达到稍不如意就恣意妄为的程度。这样就难免危及自己的职场生存，连最基本的生活都难以保证。

虽然说任性是不太好的性格，因为时常会由于任性而把事情弄糟，但也不能一概而论。一般情况下，轻微任性，或者说有一点任性不仅不讨人嫌，相反还透着几分可爱。被父母娇惯的孩子都有一点任性，可是父母却很喜欢，因为那任性的表现形式可能是变相撒娇。从这一点可以看出，如果像孩子在父母面前变相撒娇那样把任性运用得恰到好处，任性就可变成一种武器，为你赢得机遇。

马帆虽说是一个男孩子，但他的身上有一些女性化的任性气质。毕业后，他进入一家研究机构工作，因为没有什么工作经验，一点儿也摸不到头绪，但是，他能够善用自己的任性来为自己开辟局面。例如，每次碰到解决不了的问题，他就跑到公司里那些年龄比较大的男女同事面前，说点丧气话，偶尔也像一个孩子一样撒撒娇，大家看到他为难的样子，就指点和帮助他寻找工作中的问题和门道，这样，一个个问题都得到了化解，他顺利地熬过了初入职场的难关。

通过上面这个例子，有些性格上任性的朋友不要为无法克服自己性格的弱点导致工作中总搞不好关系而苦恼，其实，你可以学会掌握分寸，把任性向好的方面引导，使其变成公关武器。

任性型性格的人因孩子气似的撒娇而讨异性的喜欢，异性会在安慰、劝解、哄逗之中得到满足。所以，在刚进入工作场合后，我们应注意选择比自己成熟的、年龄比自己大的、有大哥哥（或大姐姐）气度的异性为伴。

这样，有助于化解自己初入职场的风险，另外也可以从他（她）身上获取一些宝贵的工作经验来成就自己。

02 转变"依赖"思想

80后在职场上还有一个特点是独立性差、依赖性强,这种特点也常常表现在他们的工作之中。

因为成长环境的原因,许多80后的朋友从小习惯于依赖家庭和朋友,有的甚至不做家务,不理家事,没有忧虑意识,自我保护能力弱,进入职场后,也没有多少组织和集体观念,更加剧了工作中的"依赖"思想。

"80后"是彰显个性的一代,这给管理者造成了很大的麻烦。性格是改不了的,但它可以得到"收拾",这需要适当地给员工进行能力补缺。管理者要试着建立或打造他们的工作个性,并使其符合工作要求。要让员工学会在工作中扮演不同的角色,并能使其与自身的角色分开。多做角色互换练习或多研究工作案例是很好的方法。

当然,从我们自身而言,也需要适应社会发展的需要,努力纠正自己的"依赖"思想,改善自己的依赖性格,学会在独立当家做主的同时,依靠自己来解决问题。

丘晓明毕业后靠亲戚的关系进入一家科技公司从事开发工作,因为创新意识和80后的一些性格特点,在担任创造性工作的过程中,还是能够胜任的。但是,具体到日常工作中与同事的交流以及业务来往,他就显得有些笨拙了,刚开始,因为部门经理与他父亲之间的私人关系,事事都在背后照顾着他,可以说他在职场上的历程还是比较顺利的。私下里,他也非常感谢部门经理对自己的照顾和重用。但是,过了半年后,这位部门经理被调到其他城市,他突然发现自己身后的支架空了，除了有关网络开发的事务外，公司里其他与自己相关的业务，他根本都不熟，也没有摸出门道。虽然说周围的同事也很多，但平时他不善于应酬，与大家的关系处得不是很好，于是受到了别人的排挤，有苦都无法说得出，因此，他在无奈中决定离开这家待遇很不错的公司。

  具有依赖倾向的人们都习惯于借助别人来实现自己的工作目标，但是，在现实社会中，每一个人都有自己的私人工作事务，而不可能经常去挪用自己的时间无偿地帮助别人。因此，我们要尽量改变自己的依赖思想，纠正自己的依赖性格，学会在工作中亲自去解决一些与自己相关的业务。这样，不但能够培养自己的独立人格，也有助于自己的长期发展。

03 把握"叛逆"的分寸

典型的叛逆性格也是80年代出生者的总体性格特征，在日常工作中的具体表现就是蔑视传统和权威，喜欢打破旧有的秩序，等等。当然，这种性格如果是在文化艺术领域里，将会有着广阔的发展天地。因为在文化艺术领域里，具有叛逆性格的人往往能在创新方面作出巨大的贡献。

例如，自古以来书法儒雅中和，这被称为书法风格的正宗，然而具有叛逆性格的书法家总是要突破中和的束缚，更加鲜明地表现自己的独到之处。元代杨维桢以文辞著称，极具叛逆性格，时人称之为"杨疯子"，他的书法号称"铁崖体"，矫桀横发、狂怪不经，从元代崇尚传统的书法中脱颖而出，占得一席之地。清代"扬州八怪"之一的金农，更是怪中之怪，他摆脱笔尚中锋的千古不易之说，反其道而行之，笔笔侧锋，一侧到底。这种反叛性格使他开拓出一种全新的艺术境界。

同样，在画坛、诗坛，甚至在科学领域，具有反叛性格的人以其怀疑和开拓的心态，取得了不断开创的新成果。很明显，性格起到了良好的促进作用。

但是，在现实社会之中，不可能有太广阔的就业环境来为我们这种叛逆性格携有的艺术天赋提供发挥的场所，所以毕业后，我们一定要注意把握自己叛逆的分寸。

其实，现代化商业公司完全区别于一些文化传播公司的管理模式。在文化传播公司里，在提倡协作和沟通的前提下，允许一些员工具有叛逆或者反向思维，这样有助于工作中的创意表现。但是，在纯粹的商业公司里，企业更尊重权威，重视秩序。如果我们毕业后刚刚进入公司，连公司的基本业务都还没有熟悉，就想突破权威，打破秩序，必然会惹人厌烦，甚至激起公愤，最终连饭碗也无法保住。

金玉华是一个很富有反叛思想的人，机缘巧合，他恰恰选择了建筑设计这个专业。对一个富有叛逆思想的人而言，选择了这个富有创造性的专业有助于他个人事业的发展，毕业后，他如愿以偿地进入一家建筑公司的设计部，干起了本专业。虽然说部门的几个同事有时候也能接受和理解他的叛逆思想和行为，但他平时难免会与其他部门的负责人和一些与公司有业务关系的客户接触，因为他思想叛逆而怪异，行为超出人们理智的控制范围，得罪了公司内外的许多人。半年后，他就被公司辞退了，后来，也一直都没有找到像这家公司一样富有规模和发展前景的企业来发展自己，白白浪费了人生中的一次机遇。

现实生活中有很多人因为这种性格而被环境所吞噬，成为悲剧的主角。毕竟，社会传统势力很强大，个人不能逆潮流成功，否则就很容易被大潮裹挟而去，最后不是随波逐流，就是被巨浪卷走。所以，进入职场后，我们一定要控制好自己的心态，尝试着改变或者把握自己的性格。

具有叛逆性格的人由于喜欢表现以显示与众不同，更是因为他们从来都不惧怕别人对他们有什么样的看法，所以缺乏必要的谨慎，加上容易冲动，犯错误就不可避免了。

另外，具有叛逆性格的人，大多心直口快，不愿强忍，尤其不愿遭受侮辱，所以在此类情况下，有时就会头脑发热，做出一些常人认为不理智的事情来。

人的心理需求是复杂多样的，心态也是活动多变的，而具有叛逆性格的人往往很容易受一些社会不良因素的误导，他们极力想展示自己的个性，表达自己的情感，但总是与社会环境格格不入，不为传统道德认同，不为社会所认可，于是，心理就容易失衡。

尤其是一些年轻人，社会经验不足，叛逆性格又明显，而且常常以为叛逆性格是社会新生力量的表现，致使自己的行为高度个性化，甚至偏执地认为，凡是不合自己思想的观念和政策都是错误的，都是不合理的，都需要改造。但他们并不知道社会发展是不以人的意志为转移的，于是，受挫是不可避免的。

屡屡受挫之后，性格叛逆者便感到社会生活乃至家庭空间都很压抑，便又倾向于厌世，甚至认为自己生不逢时，空有抱负而不能施展，无处发泄，只好牢骚不断，心态变得消极，最终导致一事无成。

因此，我们一定要把握好自己的性格，掌握好自己工作中的分寸，不要把学校里或者日常生活中养成的一些叛逆习惯和行为带入自己的工作环境中，否则受伤的只能是自己。

04
克制"嫉妒"情绪

嫉妒心理是一种消极的不健康的情绪或情感。纵观古今，横看中外，无论是人们生活的现实，还是文学艺术作品的描绘，由于嫉妒而造成惨重恶果的事例比比皆是，不能不令人触目惊心。

由于强烈的嫉妒容易为占有欲和支配欲所驱使，从某种意义上说，嫉妒是万恶之源。嫉妒给人的负担太沉重了，给人的阴影太黑暗了，并可使人产生一种祸害他人的罪恶心理。嫉妒心理是在自己不如别人优越，感到失落时产生的一种消极的情感。产生嫉妒心理的原因至少有两个方面：一是不能接受别人比自己强的现实；二是权力欲、支配欲、占有欲强。

在社会这个大家庭里，没有太多上天的恩赐，每一份收获的果实都要凭自己的智慧和汗水去换取，所以，当我们得不到时，也千万不要怀有嫉妒情绪。

80后一代的独占欲很强，并渐渐地养成了一种性格：在工作中或者同事间的日常交往中都把自己的嫉妒情绪刻画在了自己的脸上，久而久之，自己的行为和思想变得十分极端，认为社会对自己不公平，或者更加愤世嫉俗，与人不和，似乎所有的人都对不起自己一样。这种情况是十分可笑的。

小王是家里的独生子，毕业后与小齐一同进入现在这家公司工作。因为小齐已经毕业两年多了，在工作经验和工资待遇上都高于小王，再加上工作能力比较出色，每个月的业务提成也都不错。小齐出生于偏远的农村家庭，小王出生在城市的独生子女家庭，所以小王原先有些瞧不起小齐，现在看人家的待遇比自己好了许多，就产生了一种嫉妒情绪，渐渐地，这种嫉妒情绪加深了他的多疑倾向。

有一天，小王声称丢了钱，怀疑是同办公室的小齐所为，于是正式报了案。公安机关为了查清事实，对同一办公室的所有人都进行了调查，结果发现小王所指的时间内同办公室的人不具备作案可能，于是向小王提出有无其他可能。过了不久，小王发现原来钱夹在自己的一个本子里，这才忆起是自己忘记把钱放在本子里了。钱找到了，但却给小齐和其他同事的心灵造成了伤害。这一点小王也很清楚，因此，找到钱反倒加深了小王的精神压力，多疑倾向也变得越来越严重。后来，导致他无法与任何同事和睦相处，而离开了这家公司。

心理学家巴甫洛夫说过："性格是天生与后生的合成，性格受于祖代的遗传，在现实生活中又不断改变、完善。"既然性格更依赖于后天的教养，所以对性格的探究一定要深入生活，要以性格特征的表露背景为对照，才能较准确地把握自己的性格。而且要注意以动态的眼光审视更具有流动性和开放性的性格特征。所以，进入职场后，我们一定要学会适应工作环境，控制好自己的情绪，并妥善处理好自己的人际关系。千万不要因为自己暂时的收入和职务待遇不如别人而产生一种嫉妒情绪，相反，我们应该虚心向别人学习，并不断地补充自己的社会实践知识，提高自己的工作能力，那么，职务和工作待遇也就会很快地好起来。

05
把握"率真"的分寸

据《纽约时报》透露，著名篮球巨星乔丹离开球队，进入体育俱乐部的管理层后犯了大忌，一是动不动就说"我在公牛时怎么怎么"之类的话，这种做法引起了队员的反感；二是他居然对老板指手画脚，压根就没弄明白谁才是球队真正的主人。此外，在执行纪律方面，乔丹时不时地耍大牌，搞特殊化，使奇才队一些高层人士坚信，乔丹不是一个称职的管理者。

乔丹的这些"劣迹"使一些原本想积极引进他的球队也变得瞻前顾后了。同时，美国媒体指出，许多"大牌"球员的通病在乔丹身上也同样存在，如口无遮拦、颐指气使，等等。毕竟生意场不同于篮球场，乔丹率真的性格也许能在赛场上取得成功，而在尔虞我诈的商场就可能寸步难行。

通常情况下，我们把率真这类性格特征圈定在胸无城府、口无遮拦或者性格不成熟的职场新人身上，因为他们还没有摆脱少年时的童稚气息。从人性的特征上来说，这是非常好的品质，但是，随着年龄的逐渐增长，我们都要为了生存参与到社会的激烈竞争中，在公司里同事之间互相都是在维护表面和谐的关系，而在背后却展开竞争，这是生存的原则，谁也无法避免。下面有两个事例，可以告诉我们职场上的一些游戏规则。

小明在一家私企担任部门经理，副经理是老板的小舅子。为了站稳脚跟，小明使出浑身解数与之搞好关系，两人很快成了无话不谈的"兄弟"，但"国舅"能力实在有限，经常被老板当众骂得狗血淋头。受辱的"国舅"便常常在小明面前说老板的坏话，甚至说出了要把客户拉走自立门户的话。

久而久之，小明对"国舅"的话就有些当真，便认为凭"国舅"的资金，加上自己的能力和客户，另立门户完全可以和老板抗衡。在"国舅"又一次挨老板训之后，两人果真议论起另立门户之事。没想到第二天老板便通知小明走人，而"国舅"仍然在当他的副经理。小明这才恍然大悟，人家扮演的是间谍的角色。

办公室无恋情，工作时间不允许谈恋爱，这是职场一条不成文的约定。然而，偏偏有些人是天生的情种，走到哪儿恋到哪儿，成为温柔杀手。

农家子弟陈小民应聘到一家薪资丰厚的外企工作，工作勤恳踏实、任劳任怨，很快便得到了上司的赏识。正当小陈工作得心应手之时，小妍成了他的同事。她看到陈小民虽然老实巴交，但身强体壮、气质高雅，便有了尝新的欲望，没有恋爱经历的小陈很快坠入情网。

外企哪容他俩破坏规矩？结果两人双双被辞退。

许多80后出生的朋友们，习惯了率性的生活，走入职场后往往把握不好"率真"的分寸，因此，容易在职场上吃暗亏。在此，向大家提示以下几种在职场需拿捏好分寸的情况，请大家自己多留一点心。

1. 克制自己的情绪表现

当你在工作中获得了客户的高度认可，而当场给你下订单时，你高兴得手舞足蹈，喜形于色，可你没有注意到，身边的老板和上司已经暗暗皱起了眉头。你在办公室的信誉大约有50%来自你在别人面前的表现，包括你如何克制自己的喜怒哀乐。我们都知道应该克制"怒和哀"，却往往忽视了克制"喜和乐"。当上级当众表扬你或给你发奖金的时候，热泪盈眶或窃笑都不能让他人对你充满信心，即使你的任务完成得不错。如果你想升职，就必须长大。

2. 千万不要在工作中哭泣

当你在老板面前表现出对工作手足无措、悲愤交加的情绪时，就表明你没有足够能力应付工作的压力。为防止上司对你的评语变成"在压力面前崩溃"，你应学习如何掩饰你的真实感受。一种方式是，从你的本色个性中发掘职业的个性。30岁的投资银行研究员王文发现了这一规律："我刚入职不久，有次老板批评了我，我冲到洗手间痛哭，我认为他对我不公正。经过多年的经验，如果再遇到这种事，我不会反应过激了，也不会再语无伦次地为自己辩解——我学会了从批评中吸取教训。"

3. 注意自己的着装

你穿的服装应该是为工作而穿，而不是为你的喜好而穿。职业装应该是典雅庄重的——你要让你同事的注意力集中在你的好创意上，而不是你背心的蕾丝花边上。29岁的外企经理于娜在几年前得到教训后变得聪明了。她对笔者说："刚参加工作时我与一些同龄人一起工作，我们都身着火辣鲜艳的服装争奇斗艳。一天，一个高级合伙人希望带助手去和客户共进午餐。我穿着超短的紧身上衣和喇叭裙，让我看起来像餐厅的女招待，而朱莉则穿着得体的套裙，像新上任的办公室主任。上司带朱莉去参加商务午餐了——我之后才恍然大悟。"

4. 不要被小小的贪念毁掉了自己的形象

女孩子都会喜欢一些小小的物件，并希望把它们据为己有。所以，你偷偷留下客户请你转交给同事的小礼物，或在公司分发纪念册时冲上去挑一本封面最漂亮的，这些缺点在你的职业生涯中都是致命的。不要给你的同事留下错误的印象：你是一个爱贪小便宜、缺乏大气的员工。这样上司怎么可能把一个重要的职位交给你呢？他会认为你无法树立威信，让你的下属信服。

5. 不要议论公司里的闲话，即使和关系最好的同事

和你关系最好的同事跟你议论上司的私生活，为了不让她觉得你是"假正经"，你也随声附和了几句。殊不知这左几句、右几句的闲话会在你的职业道路上埋下地雷。一个在职场打拼的聪明人是不会在办公室或在同事间发表任何飞短流长的看法的。你只需微笑一下，表现得既礼貌又坚定，这才是成熟的表现。

6. 在关键时刻要防止情色陷阱

阿强30岁出头，刚从美国获得博士学位，得到了国内一家知名广告公司

策划总监之职，正着手争夺一笔巨额广告业务。客户宣布在数家广告公司中进行招标，阿强立即组织人马进行攻关，很快便有了满意的竞标方案。

正在此时，有人为尚未成家的阿强介绍了一名绝色女子，他很快便坠入了情网。然而，接踵而来的便是投标的惨败——竞争对手的广告创意与自己的如出一辙，且高出一筹！继而，绝色女子也绝情而去，阿强此时方知遇到了商业间谍。

在商业场合里，我们每个人都在参与竞争，欢歌笑语的背后隐藏着太多的商业目的，把握好自己"率真"的分寸，才是一个职场新人的成熟表现。

第十章

将困难变成机会
你就赢了

01
边工作边学习

每位老板都喜欢积极向上的员工。其实，工作本身就是一种学习，只是学习性质、学习地点发生了改变。这种学习涵盖了专业知识与实践经验，已不再是只学习简单的书本知识了。求职者应通过实践来应用学到的知识，提高自己实际操作的水平，这样才能尽快成长起来。

找到工作后，把所有精力全部放在工作上，固然是一个好现象，但是也应抽出一定的时间来学习，不断地提高自己。要知道，工作与学习是相依而存的。一个人如果只注重工作而忽视了学习，其创造力必然会有所下降，跟不上企业发展步伐，这是一件很危险的事。轻则影响转正、升迁、涨工资，重则会丢掉饭碗。只工作不学习会影响个人能力的提高，因学习而耽误工作也是不正确的做法。倘若一个人仅仅有丰富的理论知识，却不能将其应用在实际工作中，不过是纸上谈兵，既不能提高工作水平，也不能用理论知识来指导工作。只有把理论与实际有机结合起来，才是积累经验的最佳方法，顺利转正则是迟早的事。

工作中的学习，比学校中的学习更为重要，这是验证理论知识掌握程度的一个重要过程，也是求职者对个人综合能力的实际考察。

任刚大学毕业后，很快就在一家国际货运公司找到了一份业务员的工作。面试合格后，老板让他在3个月内熟悉公司业务流程，争取顺利地转成正式员工。任刚上学期间，学的是国际贸易英语专业，四年的大学学习生活，使他对未来充满了憧憬。现在，作为一名海运部业务员，平时主要工作是客户贸易代理，包括联系客户、开凭据单、确定装船发货时间等。

转眼一个月过去了，任刚对工作的最大体会可总结成六个字：简单、枯燥、乏味。同时他也清楚地意识到，要想做一名出色的业务员，并不是一朝一夕就能做到的事，必须一步一个脚印地走下去。虽然工作简单、枯燥、乏味，但是却能考验出一个人的耐性与毅力。由于刚入门，他手里的客户资源又不多，每天只是跟着师傅出去拉业务，向师傅学习如何与客户洽谈。任刚非常羡慕那些老员工，他们可以在谈笑间将业务拉过来，而自己能做的，就只有去银行取送汇票，提着货样到商检局进行检测，这与上学时想象的情形相差甚远。不过，积极向上的任刚并没有因此而放弃努力，他对自己说："一个好的业务员，需要不断地学习，要想提高业务水平，必须做好吃苦的准备，一边学习，一边实践。"若想提高自己的成绩，只要在考试时，背些基本理论，做些练习题就可以了，但是掌握知识却不像提高成绩那么简单。要想做好一名业务员，必须积累丰富的经验，而这些经验要靠不断地学习才能获得。

试用期很快就结束了，任刚虽然没有拉到客户，但是却学到了许多经验，公司领导决定将他转为正式员工。这一决定让任刚感到很惊讶，自己没有为公司创造任何价值，为什么会得到这样的待遇呢？他将自己的不解告诉了老板，老板和蔼地对他说："在这3个月的时间里，你有什么收获？"任刚说："我学到了很多东西，虽然没有拉到客户，但是我相信，这3个月里所学到的知识，一定会在我以后的工作中发挥作用。同时，我还领悟了一个道理：作为一个业务员，必须把工作与学习结合起来，这样才能有所发展。"老板满意地点点头，说："这段时间你的努力，我都看到了，我很欣赏热爱学习的员工。"随着时间的推移，任刚一边工作一边积累经验，他逐渐掌握了工作中的一些要领。半年后，公司业绩排行榜上，也出现了他的名字。

在工作中不断学习是职业发展的需要。在校时，老师传授给你的是理论知识，大部分经验还需在工作中获得。基于此，许多求职者都希望进一家体制比较健全，发展较为成熟，能够提供系统化、职业化、规范化学习机会的大企业工作,这种想法是非常明智的,只有通过不断地学习才可以使自己强大起来。

石旭现在已成了某外资企业人力资源部经理。5年前,与其他求职者一样,他带着一身的书生气,到人才市场上找工作。现在,他已经由一名求职者,变成了一名招聘者。在招聘过程中,石旭发表了自己的看法,他说:"求职者的能力对企业来说固然重要,但最为重要的是,求职者可以将工作与学习有机地结合起来,以此提高个人能力。"石旭的观点是正确的。社会经济在不断进步,企业也在跟着形势不断发展,因此,个人能力也应该逐渐提高,否则,会有被淘汰的危险。求职过程中,应聘者的初始能力,并不一定是用人单位关注的,用人单位最关心的是,应聘者是否具备较强的学习能力,能否将工作与学习结合起来。由此可见,边工作边学习的能力,对于求职者来说是非常重要的。

一些处在试用期的员工,大多数会产生茫然的感觉。在人际关系、业务水平、专业技能等方面,他们都无法与正式员工相比,因此,出现了不适应工作环境的症状。此时,最好的解决办法就是学习,通过不断地学习来提高自己的水平,逐渐就会适应工作环境。上班的第一天,既是工作的开始,也是学习的开始。一家好企业就是一所学校,在这里,可以学到许多老师无法传授的知识。个人能力是在学习过程中不断提高的,想一蹴而就,是不太可能的事。这就要求人们不停地学习,不断地积累经验。

求职者是否具备边工作边学习的能力,在工作中可以检测出来。每个企业都会根据具体的情况,制定出一个试用期,目的在于考验求职者是否能胜任本职工作,是否可以将理论与实践有机地结合起来。倘若求职者的个人能力与应聘职位的要求相差不多,就能通过不断学习来弥补自己能力的不足,企业领导也会愿意给求职者提供一个学习的平台。不过,当求职者既没有能力做好应聘职位所要求的工作,又不懂得通过学习来弥补自身的不足时,那只有被淘汰了。

通过学习,身处试用期的求职者可以尽快地提高自己的工作能力,具体表现在如下几个方面。

1. 学习使技术与业务能力不断增强

技术与业务能力，是求职者必备的两种能力。求职者在技术水平薄弱、业务能力欠缺的情况下，如果不抓紧学习，即使顺利地通过了面试，在试用过程中，也会被淘汰。

2. 学习可强化组织与规划能力

人的组织与规划能力并非与生俱来的，而是通过后天的学习、培养才逐渐得以完善的。如今有许多求职者认为，组织与规划能力，是领导者应该掌握的技能，作为一名求职者，只要做好本职工作，就万事大吉了。因此，疏于学习这方面的技术。就当前企业来说，任何一个管理者，都希望能招到一些既懂管理又懂技术的人才。由此看来，求职者的这种认识似乎有些欠妥，为了能提高就业概率，必须不断学习，积累工作经验，这样才能把工作做得更漂亮，赢得老板的赞赏。

3. 学习可提高沟通与交流能力

提高沟通与交流能力，换种方式讲，就是提高语言表达能力，既要懂得如何正确表达个人想法，又要懂得如何听取他人的意见。职场中的人际关系非常复杂，一名优秀的员工，应该能应付各种复杂的人际关系，并且具备较高的说服能力。同时，在节奏逐渐加快的职场中，以往各谋其事、各负其责的工作方式，已经被合作所取代。在这种情况下，同事间如果不能进行有效的沟通，工作便会缺乏动力，就会影响工作效率。求职者应快速学习沟通与交流能力，以免在工作中，因个人原因而影响大局。

4. 学习可提高创新能力

创新是企业发展的灵魂，无论是管理者还是员工，一旦缺乏创新能力，企业便少了向前发展的原动力。提高创新能力，要建立在大量阅读书本知识、收集并获得广泛信息、发挥个人想象力的基础之上。求职者在意识到以上情况的前提下，应博览群书、积累经验，尽快提高创新能力，力求符合公司不断发展的要求。

以上四点即是学习带来的好处，刚刚步入职场的求职者如果通过学习掌握了上述几种技能，便会很快适应工作环境，工作起来自然会得心应手，赢得领导的好评。在此基础上，成功就业就不是多么困难的事了。

学习不是一种一劳永逸的事情，工作中也好，生活中也罢，都不要停止学习。聪明的求职者会以不断学习的方式，使自己尽快适应工作环境；普通的求职者会在失败中总结教训，以此来适应工作环境；不懂得学习的求职者，不懂得变通，只能等着被淘汰。

学习是提高自己的最佳方式，求职者应怀有积极向上的精神，把在工作中的学习当作一件乐事，而不是一种负担，这对顺利通过试用期大有裨益。

02
向资深人士求教

刚刚毕业的大学生，由于刚刚踏入社会，刚刚开始工作，对公司的各项要求以及工作要领，都缺乏充分的了解，至于工作经验就更是微乎其微了。为了能尽快进入工作状态，把工作做好，并且可以顺利地通过试用期，还应本着谦虚的学习态度，多向公司内的资深人士请教，快速提高个人能力。

积累经验的方式有很多，其中，向资深人士求教，是提高个人能力、积累工作经验的最直接最有效的方法。其实，许多资历较深的老员工都喜欢积极向上的新人，为了公司的长远发展，他们会十分乐意地将自己多年来积累的工作经验传授给新人。

一个人所获得外界帮助的大小也影响着他能力的强弱。一个聪明的、有理想的求职者能通过种种方法，向资深人士学习一些工作经验，并以此来完善个人想法，弥补能力上的不足，达到提高工作能力的目的。反之，那些平庸无能的求职者，往往不懂得向公司内的前辈请教，尽管对公司状况、工作流程、运营方式一无所知，却仍然爱惜颜面，不愿意张口求教，结果被老板误认为是工作能力不足、不善于向他人学习、不会处理人际关系，此时，等待他的很可能是"炒鱿鱼"，辛苦得到的工作机会，可能就在这不懂学习不会学习的过程中失去了。

有些自命不凡的求职者，把自己的独断独行当作一桩值得骄傲的事情，对向资深人士学习嗤之以鼻，认为那些老员工的工作经验，早已跟不上经济发展的潮流，不值得一学，其实这是非常荒谬的想法。有时候，老员工主动给他们提供工作经验，他们却不屑接受。殊不知，自己错过了提高能力的好机会。

一些刚进职场大门的新人，看到那些资历较深的老同事，能够独断独行而百无一失，便万分羡慕。其实自己对此只知其一不知其二，他们之所以工作起来能得心应手，正是虚心求教、多方积累经验的结果。那些资历较深的老同事在初入职场时，与绝大多数新人一样，经验不足、工作能力较低，但他们乐于向资历较深的老员工请教，所以在以后的工作中，他们可以游刃有余。他们这种积极学习的精神，值得那些正在求职或者工作尚未稳定的在职者们学习。

皮埃尔担任美国一大型公司总经理时，一天晚上，公司发出紧急通知，要求公司上下所有的员工全部投入到紧张的工作当中，总经理皮埃尔先生也不例外。

当时，皮埃尔命令一名新来的员工帮忙套信封，这个新来的员工认为做这种事情有损他的身份，便对一位老员工说："我不愿意干这种事，我应聘的是秘书职位，这些工作不在我的工作范围之内。"

这位老员工拍拍他的肩膀说："总经理的脾气很坏，他最讨厌别人和他讨价还价，而且，公司正处在紧张状态，每个人都应尽最大的努力工作，无论是否属于本职工作，都应尽力把它做好，你的这些想法最好不要让总经理知道。"这位新来的小伙子没有把老同事的话放在心上，仍然不肯工作。不一会儿，皮埃尔走到他的面前，非常客气地对他说："为什么不开始工作呢？"这个新人说："这不是我职责范围之内的事，我不想做这种有失身份的事情。"皮埃尔听完后，勃然大怒，生气地说："好吧，既然做这件事对你是一种侮辱，那么就请另谋高就吧！"

于是，那个青年只好离开了，他去过好多地方，参加了好多次招聘会，换了好几份工作，但是一直都没有找到一份适合自己的工作。

许多刚入职场大门的求职者，自认为在学历、知识方面高于老员工一筹，觉得向他们求教是一件非常没有面子的事情，这是一种非常荒谬的想法。即使自己的学历比老员工高，知识面比他们广，但论起工作经验来，自己却有许多不足。要知道，向老员工求教是一种弥补不足的有效途径，是成功就业的基本保障。

03
尽快适应工作环境

当今社会，行行色色的人如潮水般涌进了人才市场，每个人都想找到一份适合自己的工作，这就注定了竞争的存在，而且竞争大有加剧的趋势。作为求职者的你，倘若不能尽快适应这一环境，很可能会被其他人取代，自己辛苦得来的劳动果实，就可能会成为别人的"大餐"。

了解狼的生存方式的人都知道，在茫茫荒原上，即使是寒风四起，严寒来袭，狼仍然可以承受。因为狼从出生的那一天起，就承受着恶劣环境的折磨，狼为了生存下去，为了能成为草原上的强者，它们努力使自己适应残酷的环境，所以，它们才能无论在多么艰难的环境中都可以生存下来。如果能把狼的这种生存方式应用到职场上，成功就业将不是多么困难的事情。

小乔是一位刚刚毕业的大学生，她希望能在上海这个大都市里找到一份适合自己的工作。经过努力，小乔被一家外资企业看中了，并获得了试用的机会，小乔为此兴奋不已。要知道，在上海这样的大都市里，拥有研究生、硕士、博士文凭的人数不胜数，而她一个本科毕业生竟然能进入外资企业，而且从事管理工作，的确是一件令人兴奋的事。更让她高兴的是，如果能顺利度过3个月的试用期，她就可以按照合同，在公司工作3年，而且自己的保险与户口问题也可以得到解决。这样优厚的福利待遇激励着小乔努力工作，她决定在试用期内好好表现，争取能成为该企业的正式员工。上班的第一天，由于赶上塞车，小乔迟到了5分钟。人事主任什么话也没说，下班后却将她留下，给她上了一堂课，并要求她每天提前半小时到达公司，做好工作前的准备，如打扫办公室卫生，为大家准备好开水。当时，小乔只是想能顺利转为正式员工，所以，非常爽快地答应了。

第二天，小乔按照人事经理的要求早早地来到了公司，扫地、擦桌子、打开水，等其他同事都到了以后，小乔以为可以休息一会了，不料令她不满的事情发生了，小乔俨然成了一个名副其实的打杂工，其他同事都悠闲地看着报纸喝着茶，而她却被指使得头晕眼花。不是这个请小乔帮忙办某事，就是那个请她帮忙干活儿，整个上午办公室里最忙的就是她了。小乔虽然心里不满意，可是想到自己正处于试用期，就默默地忍受了。

3个月过去了，小乔已经成了该单位的正式员工，那些端茶倒水的事她再也不用做了。由小乔的就业经历看，许多人认为她过于逆来顺受，其实，在某些时候，这也是成功就业的一种方式。初来乍到的求职者，在试用期内免不了要遭受这样的"待遇"，此时如果不能尽快适应工作环境，而是意气用事，很可能丢掉就业机会，那么先前的努力也就白白浪费了。

某家报社要招聘一名记者，小丽是某大学新闻系的毕业生，希望能得到这一工作职位。面试时，该报社为应聘者出了一道难度很大的题目：采访美国可口可乐公司总裁。美国可口可乐公司总裁日理万机，不会轻易接受记者采访，为了完成任务，众应聘者使出了浑身解数，小丽也同样如此。她知道作为一名新闻记者必须要尽快适应工作环境，在第一时间内抢到特大新闻，可是这只是书本上讲的内容，至于实际操作，这还是第一次。接到这样一道考题，小丽已不愿再多想什么，不管用人单位是刁难也好，还是在考验他们也罢，只要能采访到美国可口可乐公司总裁就可以了，否则她就无法得到这份工作。

她通过种种关系和可口可乐公司的高层管理人员接触，可所有的工作都是徒劳，她根本无法进入可口可乐公司的管理层，每次拜访都被秘书直接拦下了。小丽的情绪渐渐低落下来。可是，为了得到这一职位，她还是强迫自己振作起来，想办法采访到美国可口可乐公司总裁。她清楚地明白，作为一名新闻记者，随时随地都可能会陷入困难当中，不能被眼前的困难吓倒，要尽快适应这种艰难的工作。如果自己不能适应这种工作环境，就无法成为一名合格的新闻记者。

一次偶然的机会，小丽得知可口可乐公司总裁应邀到某大学演讲。小丽认为这是一次千载难逢的好机会，当她看完详细报道后才知道，可口可乐公司总裁只在该大学停留30分钟，而且还要进行演讲。由此看来，完成采访任务似乎是不可能的，但是小丽仍然想试一试。于是，她赶到了演讲现场。

她与其他同学一样，站在人群中静静地等待总裁的到来。不一会儿，总裁如约而至，小丽快速地穿过人群，跑到总裁面前，气喘吁吁地说："总裁先生，我是一名实习记者，您能不能给我5分钟时间，哪怕时间再短也可以。这次采访对我来说非常重要，它很可能决定我的命运。"可口可乐公司总裁对小丽的这些话感到好奇，同意演讲结束后，给她5分钟的采访时间，小丽心满意足地回到人群当中。其他人向她投来了鄙夷的目光，似乎在说："像你这样的人也能和总裁交谈？""总裁怎么会把和你的约定放在心上？"小丽想到总裁或许会忘记与她的约定，不由担心起来。于是她鼓起勇气在纸上写下了一句话，提醒总裁答应过接受她的采访，并挤出人群，悄悄把纸条交给了总裁。

这一招果然奏效，不一会儿总裁便宣布演讲结束，并接受了小丽的采访，而且对她说："你是我见过的最勇敢且最具个性的新闻记者。"

完成任务后，小丽兴高采烈地回到该单位，并将对可口可乐公司总裁的采访资料交到了主考官的手上，结果与所意料中的一样，她被录取了。

适应工作环境是一个人的天性，不同的人适应能力不同。有些人能够在非常短的时间内适应某一环境，而有些人却需要很长一段时间，这就是成功者与平凡者的区别。在求职过程中，求职者必须强迫自己，在尽可能短的时间里，适应工作环境。否则，很可能被其他竞争者抢先一步。

04
重视自己的工作

对于初涉职场的人而言,最重要的一件事就是要重视自己的工作。当然,做到这一点的前提条件就是要把自己的思想集中到自己的工作之中。

罗娟1983年出生于南京的一个公务员家庭,因为是独生子女,从小在家中受到家人的百般宠爱,毕业后找工作也非常顺利,刚刚实习完,就被一家公司从校园招聘走了。但是,进入公司后,她发现自己的生活状态变了,开会时,自己没有太多的发言权,工作中,经常不顺心,因为是设计专业毕业,她所从事的恰好是本专业工作,但是,当她拿出设计作品后,主管说她没创意,同事们也对她所干的活指指点点,因此,使她非常懊恼,对工作也就失去了新鲜感。她每天上班时除了上网偷偷和网友聊天之外,对自己的工作也就不太上心了,所以,惹得老板和主管都非常恼火,刚刚两个月一过,她就在公司待不下去了,主动交了辞职信,开始在职场寻找新的东家。

当预期的职业环境发生变化时,逃避成了罗娟的第一选择!尽管罗娟的工作中有一些不尽如人意的地方,但是这些都是职业场合中普遍存在的现象。其实,是那些和领导、同事发生的矛盾,让她产生了逃避心理,于是故意地夸大了工作中不利的一面,也因此降低了对工作的兴趣。通过测评发现,罗娟的心理承受力比较弱,非常在乎别人的评价,害怕出现不完美的结果。因此,她现在面临的问题是不断增加在职业压力面前的承受能力,而不是如何逃避职场的压力。

参加工作的头几年,是职业素养和工作习惯养成的关键时期,此时形成的心态将对日后的职业发展产生重大的影响。很容易被大家忽略的是，与工作相处就好比与自己的爱人相处，热情和兴趣是需要不断培养的。

我们生存在一个瞬息万变的社会之中，每天都会有新的思想和经验等待交流。所以，初涉职场后，我们一定要放下自己的架子，虚心向别人讨教，并把思想集中于自己手头的工作上，那么，我们就可以突破自己刚刚步入职场的局限性，并最终奠定自己坚实的工作基石。

小孙在学校学的是中文，本来他想毕业后到一家学校当一名老师，但是，在人才市场上忙忙碌碌找了三个多月，他也没有找到这样的工作。后来，因为机缘巧合，他进一家杂志社当起了一名实习编辑。虽然他的文笔很优秀，但是在杂志社里他发现有很多东西需要他学习，单纯依靠自己的文笔功底根本无法开展正常的工作。因此，他放下了架子，虚心地向别人请教，赢得了别人的好感，工作能力迅速提升，刚刚过了实习期，杂志社就与他签订了正式聘用合同。

重视自己的工作，并学会从一点一滴的小事做起，集中自己的思想，处理自己手头的工作，那么，我们初涉职场的困境便会很快通过自己的辛勤劳动熬过去。接下来，我们就可以向更高层次的方向上寻求突破了。

05
要有强烈挑战自我的愿望

许多初入职场的人，因为害怕自己在工作中出现错误，常常压抑自己的想法，完全遵循别人的想法，而不敢挑战自己的愿望，结果丧失了主见，做事优柔寡断、迟疑不决。这都是因为他们害怕承担风险，丧失了强烈挑战自我的愿望所导致的一种结果。

当然，这种类型的人常常在工作中吃亏，因为他们需要按照别人的意志行事，非常神经过敏，也很容易受到心理上的伤害。不幸的是，在受到别人伤害时，往往使他们"吞下"所受的委屈，同时，在工作中也容易绕开一些能让自己出人头地的场面。

王霞毕业后在一所著名的律师事务所找到了一份秘书工作，这是她万万没想到的。因此，为保住自己的工作，她在公司里万事都在忍气吞声，结果制约了自己的发展。

有一天，所里的江先生碰上了一件十分难办的案子，他非常恼火。他的属下都知道，凡是碰到这种情况，他总爱拿下级出气。果然，他责怪王霞把一份重要的文件弄丢了。王霞是一位很细心的人，她知道这份文件不在她的抽屉里，她查找了一下登记簿，查到这份文件三周前已送到江先生的办公室。但她却一直不对他提及这事，而是一声不吭地忍气吞声，任凭江先生指责她"马大哈""是所有雇员中最没能力的女秘书"。在他的横眉怒目下，王霞把卷宗一件一件地放在桌子上，好像自己真的错了一样。过了一会儿，一个可怕的想法又从王霞的脑子里浮现出来，假如文件真的找不到，她会不会丢了这份工作呢？好在江先生最后在他的卷宗里发现了那份文件，并且发现自己完全错怪了王霞小姐。可是，可怜的王霞小姐以后还是要经常忍受江先生的大发雷霆。

相较于王霞的这种行为，工作中还有许多人不但缺乏主见，而且连一些自己能够承担的工作都不敢挑战，结果受到别人的歧视。

张扬毕业后到了一家图书发行公司干起了图书发行员的工作，恰好，有一次老板想安排一个人到南方某个城市去与图书经销商洽谈一些图书返销的业务。本来，张扬就出生在那座城市，可以说他对那座城市的每一条街道都十分熟悉，最初，老板把这个想法在开会的场合说了出来后，他跃跃欲试地想担负起这个工作责任，后来，他又害怕自己的能力不够，怕把这件事情办砸了，便压抑下了自己的想法。

第二天，一个与张扬同时毕业进入公司的业务代表主动地向老板申请，接下了这个任务。来回共用了十天时间，对方很轻松地把这件事情搞定了，因此受到了老板的赏识。因为公司的大部分人都知道张扬就出生在那个城市，并在那里长大，本来想他一定会主动承担起这份工作，出乎意料的是别人顶替他去办了这件事，因此，大家都对他的工作能力产生一种歧视的感觉。

其实，许多初入职场的人都被一种害怕失败的自我意象蒙蔽着，因此，我们就要在工作中具备一种强烈挑战自我的愿望，并把这种愿望付诸自己的行动，这样才能够打破自己以前的思维惯势，并最终把自己导向成功。

当我们具备了这种强烈挑战自我的愿望后，此时，我们的大脑中就开始塑造一种相应的新意象，我们的行为就开始接受这种新的意象的指挥，并开始踏上追求成功的道路。

有一句名言说得好：任何一个人都会由他的主宰引导着走向成功，任何一个人都具有一种超越自身的力量，这就是你自己。

所以，在日常工作中，我们必须记住：我们行为中的成功机制都是接受自己强烈挑战自我的愿望所指挥，因此，不管我们从事什么职业，在踏入职场的一刹那，就要让自己具备一种强烈挑战自我的愿望，这样，我们在日常工作中才能表现出一种不断追求成功和追求上进的行为。

一个人摆脱大脑中固有的害怕失败的途径和方法是，敢于坚持自己的见解，并不断地挑战自我的愿望。不幸的是，在我们的文化中，我们已习惯于一种内向行为，其结果是求得一种内在的自我满足。现在这些观念正在逐渐改变，尽管变化不是那么迅速和明显。

静止不动，裹足不前，往往使遭遇到困难的人变得神经紧张。感到"被动"与"局促"，甚至造成肉体上的病症。

所以，在工作中你应该彻底把情况研究一下，在心里想象一下可能采取的各种行动方向，以及每一种方向可能产生的后果，并选择一个最有前途的方向前进。

我们如果要等到完全肯定和有把握之后再去行动，就什么事情也干不成。因为你在行动时随时都可能犯错误，你所做的决定也难免会失误。但是我们绝不能因此而放弃我们追求的目标。你还必须有勇气承担错误的风险、失败的风险和受屈辱的风险。走错一步总比在一生中"原地不动"要好一些。你一向前走就可以矫正前进的方向，在你保持原状、站立不动的时候，你的自动导向系统就无法引导你走向成功，相反，它甚至还有可能把你引向导致失败的边缘。

06
相信自己可以战胜困难

何大山大学刚毕业的时候,父亲拍着他的肩膀说:"相信你一定可以战胜困难的。"那是1997年的夏天,他的母亲刚刚去世,他的父亲也因为一场意外的事故病倒在床上,没有多少社会经验的何大山感觉自己好像挑起了千斤重担一样。因为他是自费生,毕业后工作也是自己找的,在单位里也是低人一等。但是,他没有气馁,在父亲的鼓励下,他每天早出晚归,渐渐赢得了老板的信任。

有一次,公司安排他到东北一个城市去联系几家经销商,路途遥远,从无一点业务经验的他真是无从下手。此时,又是他的父亲——那个正病倒在床上的老人,鼓励他:"相信你一定可以战胜困难的。"因此,他拜托一位友人照看自己的父亲,然后轻装出发了。

一个多月的时间,何大山不停地奔波忙碌,费尽心思地向一些目标客户介绍自己公司的产品。因此,他赢得了别人的信任,顺利地完成了公司交代给他的任务。回到家后,他的父亲病也好了,可以自己照料自己了,而他也凭借自己的勇气和刻苦工作的精神获得了老板的赏识,成为了一名区域经理。现在,他已经走出了那家公司,自己开创了一番事业。

生活中遇到困难,是再正常不过的事情了。我们每个人在任何时候都会遇到大大小小的不同的困难,这些困难也向我们提出了不同的挑战。对于一个懂得心理平衡的人,就会依靠自身的优势与强项去战胜困难。

人生如战场。试想一下,如果你身临战场,当你遇到困难和敌人时就赶紧后退，其后果如何？把事情做好，把困难解决掉，这不也是一种"作战"吗？因此，当你在自己的生活和事业中碰到困难时，一是做给别人看，要让别人知道你并不是一个懦弱的人、一个胆小鬼，即使你做事失败了，你不怕困难的精神和勇气也会得到他人的赞赏，如果你顺利地克服困难，这就更加向他人证实了你的能力；二是做给自己看，一个人一生中不可能一帆风顺，事事顺心如意，碰到点儿困难，其实并不可怕，要把困难当成是对自己的一种考验与磨炼，也许你不一定能解决所有的困难，但在克服困难的过程中，你在智慧、经验、心志、胸怀等各方面都会有所收获，会对你日后面对困难有很大的帮助，因为你至少学会了如何应付困难，如果你顺利地克服了困难，那么在这一过程中你所积累的经验和信心将是你一生当中最可贵的财富。

"攻击是最好的防御"。这是一条军事原则，而且它不仅仅适用在战场上。所以，在面对困难时只要你不回避而是面对它们，它们就不会成为大问题。轻轻地触摸蓟草，它会刺伤你；大胆地握住它，它的刺就碎落了。

吕剑刚毕业就进入一家进行公共关系咨询的公司担任一名底层的推销员。他虽然喜欢这份工作，但是却希望把其范围扩大一些，他最感兴趣的是对人的研究。在经过几年学校里对理论的研究之后，他认为自己已经找到有些人不能和周围人和睦相处的原因，但是对他来说最大的障碍是缺乏演讲的经验，而无法将自己的发现公开表达出来。

有天晚上，他躺在床上想自己的这个大心愿。他知道，自己唯一的演讲经验，不过是在推销汇报会上对那一小群推销员讲话。所以，每当他想到自己要面对一大群听众时，就吓得讲不出话来。他绝不相信自己会讲好一篇演讲词，但是话又说回来了，他想道：我为什么可以神态自若地对着我的推销员讲话呢？于是他躺在床上，重新找出并且抓住自己对一小群人讲话的那种自信和成功心情的细节。接下去他就想象自己正在对着很多听众发表人际关系的演讲，同时心里仍保持着自己面对一小群听众时的那种泰然自若和自信的心情。他在心中想到应该怎么站，自己就可以感觉到脚踏在地板上的压力。同样，随着他想的，他可以看到听众脸上的表情，也可以听到他们的掌声。他活生生地看到自己做了一次成功的演讲。

这时，似乎是有什么东西在脑子里跳动一样，他感到兴高采烈。也就在这一瞬间，他相信自己可以办到这件事了。他已经把过去的那种成功及自信的感觉，融入到想象的未来事业的画面中。对他来说，那种成功的感觉是如此强烈，以致使他产生"一定能办到"的感觉。他已经得到了我们在这章中所说的成功的心理，而且从这一刻起，这种心理就再也没有离开过他。虽然当时他还看不出自己有什么道路可走，而且看起来自己的梦想似乎也不太可能实现，但是仅仅过了3年，他的这个梦就变成了现实，而且几乎和他想象中的一模一样。

现在，他已经成为人际关系问题的权威，经常在一夜之间就赚进几千元。上海已有200多家公司花钱请他去对职工进行人际关系方面的训练，并对症下药地开导职工们。而他的著作已经成为这一学科的经典之作。所有这一切，都来自他幻想中的一个画面，以及那种成功的心理。

对喜欢规避责任的人来说，困难则成了最好的挡箭牌。你也许听过许多人把失败原因归咎于没有受过大学教育——对这些人来说，假如他们真正上了大学，他们仍能为自己找出许多理由。而一个真正成熟的人则不会如此，他们会想办法去克服困难，而不是找借口去规避困难。

因此，一些心理学家告诫，如果你面临真正的危机关头，就需要产生大量的兴奋感。兴奋感在危急关头会带来很多好处，然而如果你过分地估计了危险或困难，如果你对错误的、歪曲的或不真实的信息作出反应，你就可能产生过度的兴奋。由于威胁远远不像你估计的那样严重，所以这些兴奋感就得不到适当的利用，不能通过创造性行为将不利因素排除掉，于是，它们就留在内心深处，封存起来，成为"烦躁心理"。极度的过量兴奋对你的表现有害无益，因为由此产生的过度兴奋是极不适当的。

英国著名哲学家罗素说过："遇到不幸的威胁时，认真而仔细地考虑一下，糟糕的情况可能是什么？正视这种不幸，找到充分的理由使自己相信，这毕竟不是那么可怕的灾难。"这种理由总是存在的。因为在最坏的情况下，在个人身上发生的一切绝不会重要到影响世界的程度。你坚持面对最坏的可能性，怀着真诚的信心去对自己说："不管怎样，这没有太大的关系。"这样，经过一段时间以后，你会发现你的忧虑已减少到一个非常小的程度。也许你需要把这个过程重复几次，但是到最后，如果你面对最坏的情况也不退缩，你的忧虑就已经完全消失，取而代之的是一种喜悦心情。

因此，初涉职场的我们在面对困难的时候，一定要鼓励自己："相信我一定会战胜困难的。"然后，就应该鼓足勇气去面对困难，只有这样，才能在困难里不断地磨炼出自己的人格。这是刚毕业的大学生走入职场后挑战自我的一种秘密武器。

当然，当我们在工作中面临困难时，也要学会从以下三点来开导鼓励自己去面对困难，挑战自我。

1. 每个难题都会过去

月有阴晴圆缺，人有旦夕祸福。没有人一生一帆风顺，任何人都会遭逢厄运。可是烦恼一定会有结束的时候，难题总会随着时间的推移而解决，我们要顽强努力地去寻找解决的办法。

2. 每个难题都有转机

任何问题都隐含着创造的可能。问题的产生是成功的发端和动力。问题的产生总是为某一些人创造机会，一个人的困难可能就是另一个机会，所以我们要抓住时机，促成转机。

3. 每个难题都会对你产生影响

你能够控制自己的反应，却不能够控制潮流的趋势和避免厄运，但是你能够决定自己的态度。你的反应是关键所在，它可以使你变得坚强或软弱，因此，你要学会鼓励自己去面对困难，解决难题。

每个人在工作中不可能不遇到困难，甚至是大的灾难。问题是，当有的人面临困难时，他们无所畏惧、百折不挠，将困难视为生活对自己的一种考验，并使之转化为一种积极有利的因素；而有些人遇到困难，首先会畏惧退缩，为之折服，并且抱怨，他们把工作中的困难当作是一种无法逾越的障碍，甚至是人生的一种不幸。一个不成熟的人随时可以把自己与众不同的地方看成是缺陷、是障碍，然后期望自己能受到特别的待遇。成熟的人则不然，他们先认清自己的与众不同处，然后看是要接受它们，还是加以改进。

因此，当我们在工作中遇到困难的时候，一定要鼓励自己，"相信我，一定可以战胜困难"，也要暗暗地叮咛自己："要在乎困难，这也许是一种幸运的开始。"那么，我们将会以自己的勇气和信心去跨越初涉职场的第一道坎。

07
敢于冒险才能突破自我

许多年轻的朋友因为刚刚参加工作,感觉自己的能力和经验都不够,遇事不敢主动去冒险,结果错失了许多的机遇。

当然,也有一些遇到危机和困境而又缺乏行动能力的人,总是为自己的行动先寻找理由。一般地说,编造种种借口和理由拒绝行动的人,用一整套懒汉理论武装了自己,他们不想冒险摆脱危机或困境,而只想等人来救,孰不知,这样下去才更可能因耗尽精力而魂归空谷。

工作是包含了许多智慧、热情、信仰、想象和创造力的一个词。而且那些非常有成效和积极主动的人,他们总是能够在工作中付出双倍甚至是更多的智慧、热情、信仰、想象和创造力。而那些失败者和消极被动的人,他们只会把这些深深地埋藏起来,他们只懂得逃避、指责和抱怨,并不能主动自发地把自己的热情投入到工作中去。工作是一个关于生命力的问题,并不只是一个关于干什么事和应该得到什么报酬的问题。

工作是自动自发的,工作就是付出努力。事情要先做起来,才能判定自己行或不行,因为太多的事情对社会来说是前所未有的,对参与者来说从未做过,而只有勇敢地去冒险、去尝试,才能把握工作中的诀窍,并突破自己的工作能力。时间,由无数个"当下"穿在一起,工作中的每一个瞬间、每一个当下,都带有永恒的种子。抓住工作中的每一个当下,人生才无缺憾,事业才会走上新的台阶。

我们经常在懊悔中度日,然后立誓,从今以后要如何如何。事后却往往忘了自己的诺言，直到下一次的后悔。有一句话说："要活得像明日就要死去一样。"不是要消极度日，不是要尽情享受，不是要短视近利，不是要麻木苟活，而恰恰相反，是要把握当下。

刘晓菲刚刚毕业后进入一家化妆品公司工作，培训完了没有几天，经理决定让一个富有经验的老员工到华南地区的城市里建立一个新的市场拓展点，公司在背后提供一些人力和物力的支持。但是，当经理提出这个建议时，那些老员工们个个低头沉思，都没有主动请缨。此时，经理的目光在刚进入公司的一些新人身上巡视了一遍，大家也都低下了头。此时，刘晓菲热血沸腾，举起手说："报告经理，我想去。"

"但是，你……"经理话还没有说完，刘晓菲便抢着说："我想自己会努力地把事情做好的。"

出于对新员工的考验，经理同意了她的要求。下班后，刘晓菲为自己一时的冲动有些后悔，回到家中，父母和哥哥也指责她少不更事。但是，刘晓菲却鼓励自己说："就冒这一次险，权当是对自己的一次磨炼。"因此，她便轻装上阵了。

因为对刘晓菲这个新员工胆识的赏识，公司给她制定了一套严谨的工作方案，并在后方提供咨询服务。经过三个多月的艰苦奋战，刘晓菲终于在华南的那个城市里建起了一个小规模的市场拓展点，因此，她被提拔为那里的部门副经理。同时，在开展这项工作的过程中，她的见识和能力也因此实现了飞跃式的突破。

想做该做的事现在就做。做好当下要做的事，体会当下的感觉，用心去活，这就对了。在英文里，presen有两个意思，一是礼物，一是现在。"现在"就是上天赐予的礼物。

刚进入工作场合时，在我们塑造自己的个性时，往往会屈从于权威、舆论或功利的意图，而忽略了自己和环境的长远需要、自我的天性基调和生活的本身。这使我们在面对工作时，往往会犹豫不决，不敢果断地去冒险，这种心态，使我们走了一步，又发愁下一步，把发展变成一种没完没了地应付，使成长沦为一种扭曲。

为了使自己的人生向前迈进，哪怕只是一步两步，只要采取行动就是胜利。"着手做好呢，还是放弃不做好呢？"有这种犹豫的时间，还不如先试着做一下。

行动前，感到犹豫或烦恼，是因为在为行动寻找合适的理由。不管采取什么行动，不假思索就开始干，确实需要一种勇气。谁都害怕失败，"不做该多好"这样的后悔药都不想吃。

所以，人们行动前总想找到自己能够接受的理由，找到"应该做这件事"的必然性。但是，抱着做每件事都要找理由的态度，就不会有真正的行动能力。有行动能力的人，不需要行动的理由，就能够毫不犹豫地迅速行动。他们绝不是先找到理由再行动，而是先行动起来再考虑"我为什么做这件事"。理由与必然性总是在"行动"之后才产生的。因此，我们刚入职场后，要敢于冒险，并尝试去做，这样才会迈出人生的第一步。

敢于冒险并不意味着盲目地实践新想法。员工个人一旦产生新的想法，就必须先了解新想法产生的环境、要达到的目标以及可预见的挑战。然后，与上司、同事进行沟通，表明这样的立场——即将展开的冒险行为并不是为了个人，是为了公司、为了同事，这样能寻求到上司和团队的认可。当冒险者得到理解和认同，其冒险行为将得到整个团队的支持。当所有团队成员和冒险者站在了一起，就是科学的冒险。